Das Buch

Das Land der Ossis: Nacktbaden in der Ostsee, jedes Kind war ein Pionier - vor allem aber: ganz viel Sex im Ferienlager! Der helle Wahnsinn, findet die in Berlin lebende Engländerin Jacinta Nandi. Schade nur, dass ihre Ossi-Freunde nichts davon erzählen wollen. Bis auf Jakob Hein. Ob die legendäre Bananenschlange im Juni 78; der irrwitzige Versuch, Rock 'n' Roll in die DDR zu bringen, oder die rätselhaften Erziehungsmaßnahmen der ostdeutschen Gastwirtschaft - nichts entkommt seinem beißenden Spott, wenn er den schrägen Osten beschreibt, auch nicht die Tatsache, dass London damals als das Gelobte Land galt.

Seit gut einem Jahr tauschen sich die Surfpoetin Jacinta Nandi und der Autor Jakob Hein über das wahre Ossitum aus und amüsieren sich dabei königlich bzw. sozialistisch. Zeit, uns endlich dran teilhaben zu lassen.

Die Autoren

Jakob Hein, geboren 1971 in Leipzig, zog 1972 mit seinen Eltern nach Berlin. Medizinstudium in Berlin, Wien, Stockholm und Boston. Seit 1998 Mitglied der *Reformbühne Heim & Welt*. Zuletzt erschien von ihm *Wurst und Wahn* (KiWi 1281). Jakob Hein lebt mit seiner Familie in Berlin.

Jacinta Nandi wurde 1980 in London geboren und kam mit zwanzig nach Berlin, sie schreibt für das englischsprachige Stadtmagazin *Exberliner* und ist Mitglied der Lesebühnen *Rakete 2000* und *Surfpoeten*. 2011 erschien ihr erstes CD-Buch *Deutsch werden: Why German people love playing frisbee with their nana naked*. Sie lebt mit ihrem Freund und ihrem Sohn in Neukölln.

KiWi PAPERBACK

1321

Jakob Hein
Jacinta Nandi

FISH'N'CHIPS & SPREEWALDGURKEN

Warum Ossis öfter Sex und Engländer mehr Spaß hatten

Kiepenheuer & Witsch

MIX
Papier aus verantwortungsvollen Quellen
FSC® C083411

Verlag Kiepenheuer & Witsch, FSC®-N001512

1. Auflage 2013

Umschlaggestaltung: Barbara Thoben, Köln
Umschlagmotive: © plainpicture/Gallery Stock (Frau);
© Imagebroker RM/F 1 online (Underground);
© Imre Cikajlo/iStockphoto (Trabi), MasterLu-Fotolia.com (Big Ben)
Autorenfoto: © Susanne Schleyer
Gesetzt aus der Legacy
Satz: Felder KölnBerlin
Druck und Bindearbeiten: CPI – Clausen & Bosse, Leck
ISBN 978-3-462-04508-6

INHALT

DIENEN UND BEDIENUNG

SPORT UND GESUNDHEIT

Wie mir eine Engländerin die DDR erklärte

Manche Menschen nähern sich in kleinen Schritten, Jacinta Nandi war eines Tages plötzlich da. Viele hatten sie schon mal gesehen, etliche mit ihr gesprochen, einige waren mit ihr aufgetreten und wenige angeblich seit Jahren mit ihr befreundet.

»Wer ist eigentlich Jacinta Nandi?«, war eine Frage, die ich mich nicht mehr zu stellen traute, weil ich offensichtlich der Letzte war, der noch nicht wusste, was los ist. Unauffällig versuchte ich wenigstens herauszufinden, wie man ihren Namen richtig aussprach, was nicht so einfach war, denn jeder betonte ihn anders und versuchte dabei einen Gesichtsausdruck größter Selbstverständlichkeit zu machen, so als ob Jacinta Nandi ein Name war wie Heinz Müller, der Torwart vom 1. FSV Mainz.

Zum Glück kam sie irgendwann zur *Reformbühne Heim & Welt*, der Lesebühne, in der ich seit Jahren aus meinen Texten vorlese. Das hatte zwei Vorteile: Einerseits konnte ich auf unserer Gästeliste lesen, wie Jacinta richtig geschrieben wird und andererseits hatte ich das Glück, sie selbst zu treffen und zu hören. Dazu muss man wissen: Jacinta ist eine äußerst freundliche, eher schüchtern wirkende Frau, von der man auf den ersten Blick vielleicht Lyrik über Sonnenuntergänge vor Tanganjika erwartet. Ich hatte tatsächlich Angst, sie könnte neben uns erfahrenen Bühnenhasen baden gehen. Doch dann las sie zu meiner Überraschung sehr lustige und vor allem ziemlich explizite Texte vor, und das mit großer Ruhe und einnehmendem Charme – während ich, ein braver Junge aus gutem Hause, manchmal nicht wusste, ob ich mich schämen sollte oder noch lachen durfte.

Wir verstanden uns gleich sehr gut, vor allem, weil ich mich entschieden hatte, ihren Namen so deutsch wie möglich auszusprechen, was Jacinta anscheinend besser fand, als die vielen Deutschen, die sich an Betonungen abmühten, die irgendwie englisch oder indisch klingen sollten, um bei einer Art Karl-May-indianisch zu enden.

Im Normalfall habe ich keine Lust mehr, den Leuten zu verraten, ob ich eine Ost- oder eine West-Biografie habe. Ich erzähle mittlerweile manchmal, ich würde aus Westerkappeln kommen und sei dort in die evangelische Schule gegangen. Aber mit Jacinta war das was anderes. Sie interessierte sich total für die DDR aus ihrer Londoner Perspektive. Seit mehr als zehn Jahren wohnt sie in Kreuzberg, was für sie ein Kulturschock gewesen sein muss. Denn, wie sie mir erklärte, interessiert man sich in London für nichts, was auch nur einen Zentimeter außerhalb der Stadtgrenze Londons passierte. In ihren Kreuzberger Jahren hat sie nicht nur ihren allgemeinen Horizont rasant erweitert, sondern auch sehr viel über einen kleinen Staat erfahren, der früher einmal direkt vor ihrer Kreuzberger Haustür gelegen hat.

Jacinta hat sehr viele Theorien über diesen kleinen Staat. Sie glaubt zum Beispiel, dass der Zufallssex dort besser gewesen sein muss, weil man sich während des Zufallssexes keine Gedanken darüber machen musste, ob man den Sexualpartner am nächsten Morgen anruft oder nicht. Man konnte sich einfach und unreflektiert der körperlichen Begegnung hingeben, weil ohnehin niemand Telefon hatte. (Außerdem glaubt sie übrigens auch, dass Ostdeutsche die hemmungsloseren oralen Liebhaber seien, und kann das auch ziemlich überzeugend begründen.) Die DDR, von der Jacinta erzählte, erschien mir auf jeden Fall ein viel interessanteres Land als der dröge Arbeiter- und Bauernstaat auf deutschem Boden, in dem ich aufgewachsen bin.

»Schreib doch mal ein Buch über deine DDR«, riet ich ihr.

»Ach, ich schreibe doch kein Buch. Dazu bin ich viel zu undiszipliniert«, winkte sie nur ab. »Das klappt höchstens, wenn wir das Buch zusammen schreiben. Ich schreibe über die DDR und du schreibst über London.«

»Was soll ich über London schreiben? Wir wussten nichts über London. London war ein sagenumwobener Ort. Wir hatten einen Ossi, der es bis ins Weltall und wieder zurück nach Morgenröthe-Rautenkranz, seinem Heimatort im Vogtland, geschafft hat. Aber nie hatte man von jemandem gehört, der bis nach London und wieder zurück in die DDR gereist wäre. Es ist wie in diesem Witz: Was ist ein Trio? Ein DDR-Symphonieorchester nach einer London-Reise.«

»Echt? Was fandet ihr denn so gut an London?«

»Was wir an London so gut fanden? Wir fanden dort alles gut: die Kleidung, die Leute, die Musik. Alles!«

»Auch das Essen?«

»Davon wussten wir nicht so viel«, sagte ich ausweichend.

»Also dann machen wir das«, sagte Jacinta. »Wir schreiben immer abwechselnd. Ich eine Geschichte über die DDR und du eine über London.«

»Dann machen wir das«, sagte ich. Wer könnte ihr schon widersprechen?

GESELLSCHAFT UND KRITIK

DIE EXOTIK

Wenn man selbst für andere Menschen exotisch ist, dann hat man nie Sehnsucht nach dem Exotischen. Oder vielleicht doch. Aber vielleicht sind für uns Exoten einfach ganz andere Sachen exotisch.

»Ich schreibe ein Buch«, erzähle ich einem Kumpel, »gemeinsam mit Jakob Hein.«

»Ach, stimmt, das hat er mir erzählt«, antwortet er. »Und dass du immer zu viel über Sperma schreibst und ihm ist das peinlich und du sagst ihm dann: ›Entschuldigung für das viele Sperma!‹ Und dass es das erste Mal für ihn ist, dass ein Mädchen sich bei ihm entschuldigt hat fürs Sperma.«

»Ich schreibe überhaupt nicht viel über Sperma«, sage ich. »Oder kaum. Unser Buch geht überhaupt nicht um Sperma.«

»Und worüber schreibt ihr dann? Worum geht es in dem Buch?«

»Du darfst dreimal raten«, sage ich.

»Um Indien«, sagt er.

Ich runzle meine Stirn. »Um Indien?«, frage ich erstaunt. »Was werde ich wohl über Indien schreiben können? Ich war nie dort.«

»Okay, okay. Dann um Juden.«

Ich runzle meine Stirn noch mehr. »Um Juden?«, rufe ich total schockiert. »Was werde ich über Juden schreiben können? Ich habe nicht mal mit einem Juden geschlafen.«

»Ach was, bist du Antisemitin oder was jetzt?«

»Ach, doch«, korrigiere ich mich. »Ich habe einmal mit einem Israeli geschlafen. Der war bestimmt Jude, oder? Der war bei der Armee gewesen.«

»Ja, man kann davon ausgehen, dass ehemalige israelische Soldaten Juden sind, glaube ich.«

»Ach ja, und auch einmal mit einem deutschen Juden, ein Student. Der hat irgendwas studiert. Philosophie oder Medizin oder Literatur oder so was. So was Altes und Schwieriges. Nix mit Computern.«

»Ich weiß, worüber euer Buch ist«, sagt mein Kumpel. »Ich darf noch mal raten, oder? Ihr schreibt über deutsch-englische Sex-Geschichten. Also, du beschreibst jeden One-Night-Stand, den du je mit einem Deutschen gehabt hast.«

»Nee, nee, nee«, sage ich, und seufze wehmütig. »Dann wär's ein sehr kurzes Buch. Ich habe viel zu selten mit Deutschen gevögelt. Dann wär's nur ein dünnes Büchlein.«

»Na klar. Also, jetzt musst du's sagen. Ich habe dreimal geraten. Jetzt sagst du es mir.«

»Es geht um das Exotische«, sage ich.

»Um was?«

»Um das Exotischste, was es überhaupt geben kann, in diesem Leben«, sage ich.

Jetzt runzelt mein Kumpel seine Stirn.

»Ihr schreibt ein Buch über Avocados und Mangos?«

Ich schüttele meinen Kopf. »Nee«, sage ich. »Ich schreibe über die DDR.«

Mein Kumpel lacht. »Ach ja«, sagt er. »Die exotische DDR.«

»Ja«, sage ich. »Wenn du so groß geworden bist wie ich, dann ist die DDR das Exotischste, was man sich überhaupt vorstellen kann.«

»Na klar«, sagt er und lächelt amüsiert.

»Doch«, sage ich. »Wenn du so groß geworden bist wie ich - britische Arbeiterklasse, ganz langweilig und normal - du aber halb-indisch aussiehst, halb-anders, dann bist du schon exotisch für die anderen Menschen - alle wollen von dir ein Yogi-Tee-Rezept oder kostenlosen Yoga-Unterricht. Wenn du so aufgewachsen bist, was kann es dann für dich noch Exotisches geben - außer der DDR?«

Meine Kindheit war eine ziemlich normale, langweilige Britische-Arbeiterklassen-Kindheit. Alles im Haus meiner Eltern war braun, so ein sanftes, leichtes orangenes Braun. Braune Sofas, braune Tapeten, braune Vorhänge. Spießiger Krimskrams überall. Sogar unsere Badewanne war orange und braun. Alles so spießig und klein und normal und englisch. Anders als bei meinen Großeltern: Da war es zwar auch spießig und orange-braun und langweilig - aber ihr Krimskrams war exotisch. Statt kleiner Teller oder einer Fingerhütesammlung oder Porzellanschornsteinfegern hatten sie türkisfarbene Elefanten und diese Göttin mit den Armen. Bei ihnen war eine Atmosphäre, wie ich sie komischerweise hier in Deutschland nur von türkischen Familien kenne, obwohl deren Krimskrams wieder ganz anders ist. Es ist vermutlich diese überwältigende Spießigkeit und dann: unerwartet ein paar Tropfen Farbe. Und außerdem, ich weiß nicht warum, haben meine Großeltern auch andere Sachen gemeinsam mit den türkischen Familien: Plastikpflanzen zum Beispiel, und ein Sofa, das sie nie auspacken aus der Plastikverpackung, und dann diese durchsichtigen Plastikteppiche auf dem Boden. Aber bei meinen Großeltern - genauso wie bei den Türken – ist es irgendwie nicht exotisch. Das ist das Gegenteil von Exotik. Das ist Spießigkeit pur, die Atmosphäre, die man da spürt.

Jedenfalls: Es ist überhaupt nicht exotisch gewesen bei meinen Großeltern. Es war langweilig. Total langweilig. Wenn auch nicht so langweilig, wie die Fragen, die man immer von Deutschen gestellt bekommt, wenn sie mitkriegen, dass man indische Wurzeln hat:

»Kannst du eigentlich indisch kochen, Jacinta? Guckst du gerne Bollywood-Filme? Kannst du indisch? Meditierst du manchmal? Machst du Honig in deinen Chai-Tee? Oder nicht? Gehst du immer noch zum Tempel? Hörst du gerne Bhangra-Musik? Darfst du Rindfleisch essen?«

»Ach«, sagt mein Kumpel. »Die DDR war nicht exotisch. Indien ist exotisch, Jacinta. Du bist innerlich blockiert. Irgendwann mal gehst du nach Indien, dann wirst du erkennen, wie exotisch du bist.«

»Aber jemand kann sich selbst nicht exotisch finden, oder?«, sage ich. Aber ich merke, dass wir uns nicht mehr so richtig konzentrieren können, auf das Gespräch. Als mein Kumpel weggeht, um Zigaretten zu holen, sitze ich allein da und denke darüber nach, was ich alles exotisch finde. In einem Schwarztaxi herumzufahren, denke ich mir, und bei den Pionieren sein zu dürfen, und in Läden zu gehen, in denen man nichts kaufen kann. In einem Trabant an die Ostsee fahren, und wenn du am Strand bist, FKK machen, ja, FKK machen und dabei Spreewaldgurken essen, ja und überhaupt der Spreewald. Und dann, wenn du in der Schule bist, Micky-Maus-Sticker vor deiner Lehrerin verstecken zu müssen. Meine Freundin hat mir mal erzählt, wie eine Lehrerin mal eine Razzia gemacht hat bei den Schulsachen. Sie hatte gerade einen Micky-Maus-Sticker von ihren

Westverwandten bekommen und ihn auf ihre Federmappe geklebt. Jetzt wollte die Lehrerin aber diese Kontrolle machen. Sie war eine ganz strenge Lehrerin und meine Freundin wusste, dass, wenn sie den Micky-Maus-Sticker sieht, sie nicht zur Uni gehen dürfte. Während die Lehrerin also durch das Klassenzimmer lief, langsam und streng, hat meine Freundin leise den neuen Micky-Maus-Sticker von der Federmappe weggekratzt. Es muss so schrecklich gewesen sein. Aber für mich ... ist es auch ... ein bisschen ... exotisch.

Wir hatten ja nur das richtige Leben, was wussten wir schon vom falschen

Wir hatten eigentlich immer eine gute Zeit, damals in Ostdeutschland. Klar, es war anders als heute, schon allein dadurch, dass wir mit der großen Gabe des Nichtwissens gesegnet waren, die uns in einen Zustand von dauerhaftem Glück versetzte. Man kann dem repressiven, diktatorischen, ideologieverstrahlten ostdeutschen Unrechtsregime vorwerfen was man will, mit Nichtwissen versorgte es uns immer gern und reichlich. Schnaps, Zigaretten und Nichtwissen waren die wesentlichen Güter, die niemals knapp in den ostdeutschen Einkaufsregalen wurden. So war es organisiert, dass die Ostdeutschen erst dann frei reisen durften, wenn Altersdemenz und Lebenserwartung schon so weit fortgeschritten waren, dass die Systemstabilität durch die mitgebrachten Reiseeindrücke nicht mehr gefährdet werden konnte, einmal abgesehen davon, dass Kreislaufprobleme und Krankheiten des Bewegungsapparats den Aktionsradius der Reisenden stark einschränkte. Der Schraubstock der Biologie gewährleistete, dass die Zange der Ideologie gefahrlos gelockert werden konnte. Doch so wie das westdeutsche Rentensystem durch die zunehmende Langlebigkeit der Rentner gefährdet wird, genauso gefährdete die Beibehaltung der Reiseregelung für Rentner mit der

Zeit auch unseren seligen Frieden der Ignoranz. Auch unsere Rentner wurden rüstiger und kehrten zurück voller Erinnerungen und Eindrücke. Ihre Reisen führten sie nicht mehr nur bis Spandau und Gießen, sondern auch nach Walsrode, München oder Kiel. Immer klarer konnten sie sich an das Gesehene erinnern, immer länger lebten sie, um ihren Enkeln und Kindern von ihren immer häufigeren Reisen zu erzählen. Kamen einst die Omis aus Westberlin zurück, dann blieb ihnen meist nur noch ein wenig Zeit für verwirrte Reden über den Weltkrieg und für einen Herzanfall, nun jedoch schritten sie mit prall gefüllten Taschen über die Grenze und luden zu ausgedehnten Diaabenden ein. Die Förderung des Sports war vielleicht für den olympischen Medaillenspiegel der DDR gut, für das systemstabilisierend rechtzeitige Ableben ihrer reisenden Rentner war sie Gift. Ehemalige Läuferinnen erkundeten den Kurfürstendamm, Bahnradweltmeister machten die Fußgängerzonen Hessens unsicher, Gewichtheberlegenden schleppten legendär schwere Taschen über die innerdeutschen Grenzbefestigungen. Natürlich mag es ein Zufall sein, aber es war im August 1989, als sich erstmals ein Rentnerehepaar aus Neubrandenburg aufmachte, eine Reise nach London und wieder zurück zu unternehmen. Ein sicheres Zeichen dafür, dass das Ende seinen Anfang genommen hatte.

Zurück zu unserer Jugend, die wir noch im glücklichen Zustand der Unwissenheit verbrachten. Auch wenn wir es nicht so empfanden, hatten wir damals viel weniger Freizeit als heute. Praktisch nur jeden ersten Samstag des Monats sowie am Nationalfeiertag, am Tag der Metallurgen und am Tag der Nationalen Volksarmee konnten wir von 7 Uhr bis 8.30 Uhr vormittags und von 14 Uhr bis 17.30

Uhr nachmittags, ab dem sechzehnten Lebensjahr sogar bis 20.30 Uhr abends machen was wir wollten! Sicher klingt das nach einem strengen Leben, man darf nicht vergessen, dass in der atheistischen Republik natürlich Weihnachten, Silvester, Ostern und andere religiöse Feste nicht gefeiert wurden und persönliche Feiertage wie Geburtstag oder Hochzeit als Relikte des Kleinbürgertums abgeschafft worden waren. Dennoch konnten unsere Eltern über den Lebenswandel ihrer verwöhnten Kinder nur staunen. In ihrer Zeit war das, was Freizeit noch am ehesten entsprach, der Tag der Nationalen Volksarmee zwischen 11 Uhr und 12 Uhr vormittags, wenn sie sich aussuchen konnten, ob sie lieber Kugelstoßen oder Rhythmische Sportgymnastik spielen wollten. Da ging es uns natürlich um vieles besser. In den großen Städten wie Berlin, Leipzig oder Dresden gab es sogar sogenannte Fetenscheunen, das waren aus Sauerkohlplatten zusammengenagelte Bauten, in denen Schalmeienkapellen oder russische Estradenorchester zum Tanz aufspielten. Wie war es da gemütlich in diesen »Schuppen«, wie wir zu sagen pflegten. Weil Glas sehr teuer war und die gesamte Glasproduktion der DDR aus den Siebziger- und Achtzigerjahren im Palast der Republik verbaut worden war, weil man hatte einsehen müssen, dass Asbest allein nicht reichen würde, gab es in den Fetenscheunen keine Fenster. Während die gelbe Sonne des späten Nachmittags durch die Lücken zwischen den Sauerkohlplatten schien, kuschelte man sich an seine Tanzpartnerin oder man holte sich an der Bar zwei Gläser vergorenen Rübensaft. Die Bars sahen etwas anders aus als heute, insofern sie einfach aus zwei umgekehrt aufgestellten Bretterkisten für Rübensaft bestanden. Der eine oder andere hatte etwas getrockneten Spitzwegerich dabei, aus dem wir uns Zigaretten rollten und genüsslich den Rauch in die Lungen sogen. So genossen wir unsere Jugend und unsere Freiheit an diesen schönen Vor- bzw. Nachmittagen.

Zusätzliche Informationen machten uns nicht unbedingt glücklicher und doch gierten wir danach. Irgendeiner hatte immer einen Transistor, eine Flachbatterie und ein Potenziometer zusammengelötet, um die feindlichen Sender abzuhören. Komischerweise konnten damals alle löten, man fragt sich, wo diese Fähigkeit heute geblieben ist. Über die Feindwelle hörten wir von Rollerpartys in London, wir stellten uns vor, wie die Tänzerinnen und Tänzer Hand in Hand zur Musik über die Tanzfläche rollten. Klar, das wollten wir auch probieren! Die Frage war nur, wie. Wir besaßen keine Roller mehr, die hatten wir längst unseren kleinen Brüdern vererbt oder den jüngsten Kindern unserer ältesten Schwester, wenn wir selbst kleinste Brüder waren, denn in der DDR gingen den Kaninchen die Augen über angesichts der hohen Reproduktionsraten der Menschen. Wer selbst schon Kinder hatte, durfte nicht mehr in den Fetenschuppen, um Platz zu machen für die nächste Generation der Nachwuchsanbahnung. Also überredeten wir die kleinen Jungs, uns ihre Roller für den Tanz auszuborgen. Zwar sahen die Roller albern aus mit ihren kleinen Wimpeln auf dem Schutzblech des Vorderrads – doch egal! Wenn die coolen Londoner das machten, dann müsste es auch bei uns gut aussehen. Das Problem war, dass die Fetenscheunen keine Fundamente hatten. Die Jugendlichen selbst hatten sie in der Regel erbaut, indem sie vier Baumpfähle im Rechteck in den Boden rammten und die Lücken mit den Sauerkohlplatten vernagelten. Dadurch war der Boden in diesen Vergnügungslokalen nicht übermäßig glatt. Außerdem waren die Roller nicht für den

Einsatz bei einem coolen Tanzvergnügen für schlaksige Jugendliche, sondern für das ausgelassene Rollen von Vorschulkindern gebaut. Um die Wahrheit zu sagen, gestaltete sich das Tanzvergnügen seinerzeit ausgesprochen mühevoll. Während die Kapelle den großen Erfolg »Der Kolchosen goldene Weizenfelder wogen im sozialistischen Sommerwind« von Juri Petruschenko spielte, eine schöne Polka mit schwungvollem Trompetensolo, versuchten wir Hand in Hand über den lehmigen Boden der Fetenscheune Pankow zu kariolen. Dabei stießen wir einander, verloren unsere Tanzpartnerinnen, flogen der Länge nach in den Matsch und verloren die Roller unserer jüngsten Familienmitglieder.

Das Leben der coolen Londoner blieb uns lange Zeit ein Rätsel. Natürlich war der tatsächliche Inhalt dieser Geheimschatulle nicht ein Viertel so schön, wie das, was wir vor der Wende darin zu finden dachten, ja, die Frage ist sogar, ob nicht unsere Sehnsucht selbst schöner war als die Wirklichkeit.

KEIN SPASS

»Gott, als Teenies hattet ihr sicher damals Langeweile«, sage ich meinem Bekannten, »damals, zu Ostzeiten.«

»Warum?«, fragt er.

»Weil ihr nix gehabt habt, was Spaß macht«, sage ich.

»Was zum Beispiel?«, fragt er.

»Telefone«, sage ich. »Ihr hattet keine Telefone, oder? Das muss total langweilig gewesen sein. Weil bei uns, bei uns in England, haben wir immer, wenn wir Langeweile hatten, zum Telefon gegriffen und irgendwelche Leute angerufen. Zum Beispiel in der Mittagspause haben wir den Ehemann der Kantinenleiterin angerufen und ihm erzählt, dass die Vibratoren, die sie bestellt habe nur in Rosarot und nicht in Schwarz zur Verfügung standen. Wir wussten, dass er Rentner war und auf sie gewartet hat. Oder wir haben beim Sozialmedizinischen Kindernotruf angerufen und erzählt, dass unser Mathelehrer immer Orgasmen kriegt bei Algebra und wir uns Sorgen um ihn machen würden. Und in den Sommerferien haben wir bei der Soziologielehrerin angerufen und ihr gesagt, dass Michael Harrison in sie verliebt sei und nicht sicher wäre, ob er die sechs Wochen durchhalten könne, ohne sie zu sehen. Und oft haben wir auch bei der Auskunft angerufen. Wir haben bei der Auskunft angerufen und gefragt, mit wem sie lieber schlafen würde: mit Tiffany aus *Eastenders* oder Annalise aus *Neighbours*? *Eastenders* spielte in England, *Neighbours* in Australien«, erkläre ich kurz. »Und wenn sie Annalise gesagt haben, sagten wir dann: ›Oh, aber da bist du ganz schön unpatriotisch.‹«

Mein Bekannter lächelt gequält. »Bescheuert wart ihr«, sagt er. »Völlig bescheuert.«

»Und einmal«, erzähle ich, »einmal haben wir die Auskunft angerufen und gefragt, was für eine Ausbildung man benötigen würde, um bei der Auskunft arbeiten zu können. Weißt du, was der Typ gesagt hat? Er hat gesagt: ›Fick mich, meine Liebe, eigentlich brauchst du gar keine.‹«

Mein Bekannter guckt skeptisch.

»Das hat er gesagt?«, fragt er.

Ich sage es noch mal auf Englisch und zwar in meiner besten schottischen Aussprache:

»›Fook me, love, you don't really need any.‹«

»Echt«, sagt er. »Das hat er echt gesagt?«

»Und manchmal haben wir versucht, mit denen Telefonsex zu machen. Es hat fast nie geklappt. Wir haben gesagt: ›Oh, ich habe meinen Schuluniformrock an und keine Höschen drunter, weil ich beim Sportunterricht so geschwitzt habe!‹ Und normalerweise haben sie immer nur zugehört und desinteressiert gesagt: ›Brauchst du die Nummer von einem Unterwäscheladen oder was?‹ Aber einer hat mal mitgemacht. Er hat gesagt: ›Erzähl vom Duschen, mich interessieren eure Duschgewohnheiten, duscht ihr in Gruppen? Benutzt ihr viel Waschgel?‹ Nachher haben wir Unmengen von Beschwerdebriefen geschrieben. Wir haben geschrieben: ›Wissen Sie, was für perverse Kranke Sie bei der Auskunft eingestellt haben?‹«

»Aha. Das hat bestimmt Spaß gemacht«, sagt mein Bekannter.

»Aber du Armer«, sage ich. »Hinter dem Eisernen Vorhang weggesperrt! Bei euch hatte man keine Telefonanschlüsse, stimmt's? Was habt ihr gemacht, wenn ihr Langeweile hattet? Das muss so langweilig gewesen sein.«

»Du hast nicht ganz recht«, sagt er. »Es gab einen Jungen in unserer Clique, der einen Telefonanschluss hatte. Wir sind zu ihm gegangen und haben dann bei Leuten angerufen und ihnen gesagt, dass ihr Trabi endlich da sei. Oder ihr Kühlschrank.«

Ich lache. »Ach, das muss lustig gewesen sein. Viel besser als das mit den Vibratoren eigentlich, weil alle so lange auf alles Mögliche warten mussten. Das muss richtig lustig gewesen sein.«

»Siehste«, sagt er.

»Aber bei euch gab es auch keine Penner«, sage ich. »Oder? Keine Penner. Weil alle eine Arbeit hatten. Also war auch niemand bereit, für euch Alkohol zu kaufen. Bei uns haben wir immer die Penner damit beauftragt, für uns Alkohol zu kaufen, und sie durften dafür aus der Flasche ein bisschen was trinken. Manche von ihnen wurden richtige Freunde. Wir haben sie manchmal extra bezahlt, damit sie für uns strippen oder singen oder im Einkaufswagen auf dem Parkplatz vor dem Supermarkt ein Wettrennen machen. Aber ihr hattet ja keine echten Supermärkte, oder? Mit Parkplatz davor und so? Ihr hattet nur Kaufhallen.«

»Jacinta«, sagt mein Bekannter. »Ein Supermarkt und eine Kaufhalle sind beide große Lebensmittelgeschäfte, in denen man Lebensmittel kaufen kann.«

»Was?«, frage ich.

»Auf Ostdeutsch heißt ›Supermarkt‹ ›Kaufhalle‹.«

»Was?«

»Ja, Kaiser's ist eine Kaufhalle. Hast du das nie bemerkt? Ostler sagen immer Kaufhalle, die Westler immer Supermarkt. Aber das Prinzip ist dasselbe. Natürlich haben wir keine riesengroßen monströsen Tempel gehabt, wie ihr in London, wo alle ihre Kinder an sich binden müssen, weil, wenn sie sie verlieren würden, das für immer wäre. Aber wir hatten schon Supermärkte.«

»Ich dachte, ihr hattet nur Kaufhallen, und die waren zwar wie Supermärkte, aber sozialistisch und klein, und alles grau, und die Mitarbeiter waren alle Beamte und so, und Alkohol war verboten, und ihr habt nur mit Lebensmittelgutscheinen bezahlt, und alle durften nur eine Packung Zucker pro Woche bekommen – oder pro Monat – eine Packung Zucker pro Monat – oder Quartal – ja, jedes Quartal eine Packung Zucker – und es gab immer nur eine Art Senf – oder? Das hast *du* mir erzählt, mit dem Senf – nur eine Art Senf – sozialistischer Senf – und dann eine Regalreihe voller Gläser mit Spreewaldgurken. Das hat mir echt so leidgetan. Dass ihr immer nur eine Art Senf gehabt habt. Ich hoffe, er war zumindest lecker.«

»Habe ich dir das erzählt mit dem Senf?«

»Ja«, sage ich.

»Kann sein. Jacinta, weißt du, ich war einmal in London in eurem Tescos-Dings da, das ist lächerlich groß, und ihr habt es wirklich übertrieben mit dem Senf, ja. Es gab Senf aus allen Ländern der Welt. Braucht man wirklich Senf aus der Schweiz und der Mongolei und Sambia, um glücklich zu werden?«

»Nee«, sage ich.

»Also«, sagt er.

»Aber«, sage ich.

»Was«, sagt er.

»Wenn es nur eine Art von allem gab, dann muss es viel schwieriger gewesen sein, was zu klauen. Wenn es nur eine Art Senf gibt, dann merken das die Verkäufer sofort, wenn du was klaust. Bei uns gab es immer so viel von allem, dass die ganz schnell den Überblick verloren haben.«

»Verstehe«, sagt mein Bekannter.

»Verstehst du?«, frage ich. »Und das war mein drittliebstes Hobby als Teenager. Das erste: Leute anrufen, das zweite: Penner erniedrigen, und das dritte: Sachen klauen. Gott war ich gut beim Klauen. Ich habe so viel geklaut. Bei uns heißt *Schlecker Superdrug*, ja? Ich habe die Hälfte des *Superdrug* in Ilford in meiner Jackentasche mitgenommen. Ich erklärte meiner Mama immer, dass es das im Sonderangebot gab. Denn sie hat sich schon darüber gewundert, wie gut ich mit Geld umgehen konnte. Sie erzählte immer: ›Die Jacinta kriegt es wirklich gut hin, so viel wie möglich für ihr kleines Taschengeld zu kaufen.‹ Und ich sagte: ›Ja, ich achte auf die Sonderangebote.‹ Aber in Wirklichkeit habe ich nur auf den Sicherheitsmann geachtet.«

»Wenn du über deine Jugendzeit redest«, sagt mein Bekannter, »kriege ich immer ein bisschen Angst.«

Ich ignoriere seine Angst. Ich denke nur mitleidsvoll an seine langweilige Jugend.

»Aber es muss so langweilig für euch gewesen sein. Total schwierig zu klauen, weil es so wenig gab, dass die Verkäufer immer alles sofort bemerkt haben, und sowieso: Wenn die Verkäufer es mal nicht bemerkt haben, wer ist schon wirklich heiß drauf, Senf zu klauen? Hattest du damals Bock Senf zu klauen?«

»Nee«, sagt mein Bekannter.

»Ich habe nie in meinem Leben Bock gehabt, Senf zu klauen«, sage ich.

»Wir hatten andere Läden«, erklärt er mir dann. »*Intershops*. Da bekam man Westprodukte.«

»Ach ja, ich habe davon gehört«, sage ich. »Eine Bekannte von mir sagt immer, wenn Menschen lecker riechen, dass sie nach *Intershop* riechen.«

»Bestimmt denkst du, wir hätten da klauen gehen sollen? Oder? Das hättest du gemacht, wenn du im Osten Teenie gewesen wärst?«

Ich gucke ihn schockiert an. »Bist du wahnsinnig?«, frage ich ihn. »Ich hätte das niemals gemacht. Niemals. Westprodukte klauen, dann würde die Stasi kommen und mich foltern. Ich habe den Anfang von *Das Leben der Anderen* gesehen. Nein, danke. Gefoltert werden von der Stasi, das hätte echt keinen Spaß gemacht.«

»Da hast du recht«, sagt er.

»Nee«, sage ich entschieden. »Ich hätte immer brav für meinen sozialistischen Senf gezahlt, und ab und zu jemanden angerufen, und gesagt, dass der Trabi schon da sei. Weißt du, was ich denke? Ich denke manchmal, dass Spaß sowieso total überbewertet wird.«

»Wahrscheinlich würde ich auch so denken«, sagt er, »wenn ich als Jugendlicher nur halb so viel Spaß wie du gehabt hätte.«

Übernatürliche Kräfte waren die einzige rationale Erklärung

Völlig unklar blieb uns die Frage, wie die Londoner sich ihre Zeit einteilten. Für uns war die Zeit eine schlimme Foltermeisterin. Morgens quälte sie uns mit der Peitsche des Frühaufstehens, noch bevor die sozialistischen Krähen ihr befohlenes Morgenkrähen von sich gaben, mussten wir von unseren Pritschen steigen. Im Westen waren es die stolzen Hähne, die den Morgen verkündeten, natürlich gab es diese Vögel bei uns nicht mehr, sie hatten alle schon längst rübergemacht. Wer so bunt war, hielt es nicht lange in der grauen Ostzone aus, wenn er zudem noch mit Stolz und einem gesanglichen Talent ausgestattet war. Wolf Biermann, Ute Freudenberg und Achim Menzel waren weitere Republikflüchtlinge der gleichen Kategorie. Wenn die graue Sonne über den mit schwarzem Kohlenstaub bedeckten Halden, auf denen wir für etwas Butter und Reis den Westmüll lagerten, kurz ihr enttäuschtes Haupt hob, saßen wir schon längst auf unseren Schulbänken. Endlose Stunden Politschulung in deutscher, russischer oder englischer Sprache folgten aufeinander. In Mathematik ging es um die rechnerische Überlegenheit des Sozialismus, im Musikunterricht um die musikalische Größe der Arbeiterklasse, im Geografieunterricht wurde die eigentliche Größe der DDR bewiesen, wenn man alle Parameter richtig berechnete, und im Biologieunterricht ging es um das bessere Wachstum der Kartoffel unter den Bedingungen des Arbeiter- und Bauernstaats. Einzig im Staatsbürgerkundeunterricht lernten wir ein paar Dinge, die wir auch später im Leben brauchen würden: das Ausfüllen eines Antrags auf den Erwerb eines Trabants und das große Einmaleins der Republikflucht. Nur fünfundvierzig Minuten und keine Sekunde mehr wurde uns für jeden dieser Exzesse der Langeweile vom Konto unseres Leides abgebucht, obwohl sich jede Sekunde wie ein Jahr im Leben eines räudigen Hundes anfühlte.

War die Schule endlich aus, schlug die böse Tante Zeit noch einmal zu und hetzte uns ihre böse Nichte Langeweile auf den Hals. Die Schule war aus, der graue Tag noch nicht vorbei – was sollten wir nun anstellen? Die Kinder der Bonzen hatten angeblich Kreisel und Papierschiffchen, aber wir hatte nichts. Gut waren die eiskalten Winter. Mit etwas Glück fanden ein paar Schneeflocken durch den schwefelgelben Rauch, der aus unseren Essen qualmte. Dann konnten wir ein paar Bälle formen, mit denen wir uns das eine oder das andere Spiel ausdachten. Eine weitere Freizeitbeschäftigung bestand darin, dem Staub auf den Verteilerkästen zuzusehen oder sich einen Schornstein auszusuchen und dann zu wetten, aus welchem Schornstein am häufigsten der schwarze Rauch von verbrannten Reifen qualmen würde. Manchmal spielten wir auch Spatzenzählen, ein Spiel, bei dem wir die tot vom Himmel gefallenen Piepmätze zusammenrechneten. Oder wir standen auf der Autobahnbrücke und spielten »Baureihen raten«, man musste dabei möglichst als Erster erkennen, aus welchem Baujahr der herannahende *Trabant* war und welche Bauteile man von ihm noch bekommen konnte.

Manchmal rasten in einer einzigen Stunde sieben *Trabant* mit mehr als vierzig Sachen unter der Brücke hindurch, dennoch wurde uns das Spiel nicht zu langweilig. Andererseits kannten wir den Begriff »langweilig« gar nicht, so wie die Griechen kein Wort für »Ausländer«, sondern nur das Wort »Gast« kennen, gab es im Ostdeutschen keinen speziellen Ausdruck für »Langeweile«. Dem Begriff am nächsten kam unser Wort »Leben«.

Wenn wir endlich in den Tag gefunden hatten, ein wenig Rübensuppe in unseren hungrigen Mägen hatten, die Smogbelastung aus den Industrieschornsteinen etwas gesunken war und der Mond heller strahlte, als das der Sonne an einem realsozialistischen Himmel je gelingen konnte, und ein kleiner Funke Hoffnung in unseren ausgemergelten Herzen zu glühen anfing, war es zu spät. Wir mussten in die Betten, wie wir die Haufen aufgeschütteten Strohs in der Nähe der Herdasche stolz nannten.

Das Schönste, was wir mit der Zeit machen konnten, war es, davon zu schwärmen, was die Menschen in London wohl mit ihrer Zeit machen würden. In London konnten sie zu Rockkonzerten gehen. In London konnten sie rund um die Uhr Radio hören, weil es dort rund um die Uhr sowohl ein Radioprogramm als auch elektrischen Strom gab. Es gab sogar mehrere Programme und jedes einzelne von ihnen war angeblich besser als unser Sender »Stimme der DDR«. Zudem gab es Fernsehen, köstliches, großartiges Westfernsehen, ebenfalls mehrere Sender. In denen liefen echte Filme, richtige Nachrichten, hinreißend komische Sendungen, spannende Sportberichterstattungen, Fußball-Übertragungen, und so weiter und so fort. Die Ansager bei uns waren alle uniformierte Angehörige der bewaffneten Organe.

Wie machten die Londoner das nur? Wir hätten das Essen und Trinken vergessen, wären an Reizüberflutung zugrunde gegangen, wenn wir in London gelebt hätten. Denn wie sollte man damit umgehen, dass es vierundzwanzig Stunden Westfernsehen gab? Kein Testbild, keine Wiederholung für Schichtarbeiter, sondern rund um die Uhr neue, poppige Sendungen. Wir hätten uns vor den Fernseher gesetzt und dazu BBC 1–4 laufen lassen und dabei noch »1984« gelesen und unsere Mütter gebeten, doch bitte alle zwanzig Minuten die Schallplatte umzudrehen oder eine neue aufzulegen. Klar, dass wir nicht lange überlebt hätten.

Aber wie schafften es die Londoner zu überleben? Wie kamen sie tagtäglich von diesem Opium los und gingen zur Schule oder zur Arbeit? Sie mussten wirklich überirdische Kräfte haben, täglich diesen Verlockungen zu widerstehen. Nicht nur, dass man uns Kinder mit einem einzigen Westspielzeug auf Jahre hätte außer Kraft setzen können, auch unsere Eltern wären nicht mehr im Betrieb erschienen, wenn wir eine Barbie oder eine Carrera-Bahn gehabt hätten. Es galt als besonders perfide Methode, seine Kinder loszuwerden, wenn man allen seinen Kindern *ein* Überraschungsei schenkte, das man auf dem Schwarzmarkt gegen einen Traktor oder ein Dorf in der Uckermark getauscht hatte. Dass die Kinder übereinander herfielen, war dann nur noch eine Frage der Zeit.

TABU

Ich spiele mit meiner Freundin Katy Tabu und sie ist sehr schlecht darin. Ich will wirklich nicht über sie lästern, aber sie ist sehr, sehr, sehr schlecht in Tabu. Sie ist schwach darin. Sehr schwach. Sie sollte niemals Tabuspielen an der Stelle in ihrem Lebenslauf angeben, an der man seine Stärken auflistet. Sie ist wahrscheinlich die schlechteste Tabuspielerin, die ich jemals kennengelernt habe.

»Was mache ich an einer Bushaltestelle?«, belle ich ihr ins Gesicht.

»Äh, äh, äh, äh, äh, äh, ÄH?«, sagt sie.

»Was macht MAN an einer Bushaltestelle?«, belle ich lauter.

»Auf der Bank sitzen?«, fragt sie.

»Was habt ihr siebzehn Jahre lang für einen Trabi gemacht?«, schnaube ich.

»Äh, äh, äh, äh, warten?«, sagt sie.

»Ein anderes Wort für Schloss«, sage ich.

»Burg?«, sagt sie.

Ich nicke ungeduldig.

»Wartenburg?«, fragt sie unsicher.

Ich schüttle meinen Kopf, noch ungeduldiger, und küsse meine Zähne wie ein arabischer Teenager.

»Wartburg!«, ruft sie nach gefühlten zehn Minuten und lacht und lacht. Ich nehme die nächste Karte. Dass sie sich so sehr freut, wenn wir mal eine Antwort richtig haben, beweist nur, wie schlecht sie in Tabu ist.

»Du weißt nicht mal, was das ist, oder Jacinta? Das war so ein Zufall, dass du das mit dem Trabi gesagt hast, oder? Das waren Autos, bei uns, damals, zu Ostzeiten, Wartburgs waren sogar viel besser als Trabis, eigentlich.«

Ich sehe sie entsetzt an. »Fang jetzt nicht an, Sachen über die DDR zu erzählen«, sage ich superentsetzt. »Wir verlieren gerade. Ein anderes Wort für ›klug‹. Aus dem Englischen.«

»Äh, äh, äh, äh, äh, smart?«, sagt sie.

Untalentiert, denke ich. Sie ist einfach untalentiert in Tabuspielen. Ich muss mich wahrscheinlich mit einer Niederlage abfinden. Na, okay, gut, ich persönlich, ich bin einer der besten Tabuspieler auf dieser Welt, aber mit so einer schwachen Partnerin wie Katy habe ich keine Chance.

Nachdem unsere Spielzeit um ist, antworte ich auf ihre Frage zum Wartburg ganz fröhlich und friedlich.

»Ich habe tatsächlich nie von einem Wartburg gehört«, sage ich. »War das so ein Auto? Ich kenne nur Trabis. Und dass man immer siebzehn Jahre auf sie warten musste.«

»Ja«, sagt sie. »Richtig lange mussten wir warten. Mein Onkel musste nur neun Jahre warten und deswegen dachten alle, dass er bei der Stasi ist. Es gibt Familienangehörige, die das heute noch behaupten.«

»Und was habt ihr gehabt – einen Trabi oder einen Wartburg?«, frage ich.

Katy guckt begeistert.

»Ich hatte sogar meinen eigenen Trabi«, sagt sie. »Das war ein tolles, kleines Auto, Jacinta. Es gab nix, was fehlte an meinem Trabi. Der war super. Ich habe meinen Trabant geliebt. Wirklich.«

Katys deutsche Freunde fangen alle an, sich über sie lustig zu machen, weil Trabis so scheiße waren. Ein Kumpel von ihr erklärt mir, dass sie noch schlimmer als Skodas waren, damit ich einen Vergleich habe. Katy verteidigt sich halb wütend, halb glücklich, so wie wenn du eigentlich weißt, dass der Typ, den du gestern abgeschleppt hast, hässlich ist, aber doch irgendwie glücklich und stolz bist, dass du mit ihm geschlafen hast.

»Das waren keine schlechten Autos, Jacinta«, sagt sie mir. »Es waren auch keine guten Autos, aber sie waren nicht soooooo schlecht.« Ich nicke verständnisvoll. Die Wahrheit ist: Ich habe immer noch keinen Führerschein und deswegen nur eine vage Vorstellung davon, dass es ›gute‹ und ›schlechte‹ Autos gibt. Wahrscheinlich können die guten Autos schneller fahren, und die Männer, wenn sie sie fahren und dieses Gear-Stick-Ding anfassen und damit glatt vom ersten in den zweiten Gang schalten, bekommen vermutlich immer einen mini kleinen Ständer. So wie in der Autowerbung. Wahrscheinlich. Draußen große Nadelhölzer. Bei schlechten Autos dagegen kann man wahrscheinlich nicht so schnell fahren, sie müssen öfter repariert werden und manchmal fällt der Spiegel an der Seite ab und muss wieder angeschraubt werden. Oder so was. Keine Nadelhölzer draußen. Aber wie gesagt, da ich immer noch nicht meinen Führerschein gemacht habe, ist dies nur eine vage dunkle Idee in einem der hinteren Schränke in meinem Kopf, und es macht mir keinen Spaß, mich mit Katys Freunden über ihr erstes Auto lustig zu machen. Ich höre nur zu und ab und zu schüttele ich meinen Kopf und lächele Katy zu, um mich mit ihr ein bisschen zu solidarisieren, so wie Angela

Merkel, wenn die Leute sich über Guido Westerwelle im Bundestag lustig machen.

Wie erwartet, verlieren wir bei Tabu. Katys deutsche Freunde gehen nach Hause, aber ich bleibe. Ich werde übernachten, Ryan schläft schon im Kinderzimmer. Ich helfe Katy beim Aufräumen.

»Es war meine Schuld, dass wir verloren haben, Jacinta«, sagt sie.

»Ach was«, sage ich. »Das war nur ein Spiel.«

Heimlich bin ich sogar ein bisschen beleidigt, dass sie denkt, dass sie das überhaupt noch erwähnen muss. Natürlich war es ihre Schuld, dass wir verloren haben. Sie ist die untalentierteste Tabuspielerin aller Zeiten. Ich helfe ihr, die Tassen und Gläser in die Spülmaschine zu tun.

»Ach, Jacinta. Er war wirklich toll«, sagt sie. »Mein erster Trabant. Der war so süß. Ich habe ihn ein bisschen geliebt. Das ist keine Übertreibung.«

»Ja«, sage ich. »Ich würde wahrscheinlich auch ein Auto lieben, auf das ich siebzehn Jahre warten musste.«

Ich denke: Es muss so schön gewesen sein, das erste Mal mit dem Auto herumzufahren, nach einer siebzehnjährigen Wartezeit. Ich habe, glaube ich, nie in meinem Leben siebzehn Jahre auf irgendetwas warten müssen. Ach ja, in den Neunzigern musste meine Mama mal drei Jahre auf eine neue Waschmaschine warten. Mein Stiefvater hat ständig versprochen, dass er die alte Maschine repariert. Mein kleiner Bruder trug damals noch Windeln, also hat meine Mama Stunden und Tage ihres Lebens im Waschsalon verbracht – die Frau, die den Waschsalon geleitet hat, meinte immer zu meiner Mama: »Hör auf, seine Sachen zu waschen, dann wird sie von heute auf morgen repariert, die Waschmaschine, oder er kauft dir sogar eine neue!« Meine

Mama meinte: »Nee, dann geht er einfach stinkend zur Arbeit, und ich will nicht, dass er gefeuert wird. Ich will ihn nicht zu Hause haben, den ganzen Tag lang, das Wochenende reicht.« Aber das waren nur drei Jahre – siebzehn Jahre, ich kann es mir nicht vorstellen. Siebzehn Jahre! Selbst wenn ein deutscher Jugendlicher hundert Omas getötet hätte, muss er vermutlich nicht so lange warten, bis er wieder aus dem Knast kommt. Siebzehn Jahre. Es ist eine lange Zeit.

Aber die erste Autofahrt in dem neuen Trabi. Das muss aufregend gewesen sein. Ich kann mich noch gut daran erinnern, wie ich im Austin Minor meines Stiefvaters gekotzt habe, nach meinem ersten Tag in meiner neuen Schule, und sie sehen aus wie Riesentrabis, die Austin Minors. Ich war eigentlich immer am Kotzen, als Kind im Auto. Ich glaube, ich habe in jedes Auto in unserer Verwandtschaft mindestens einmal reingekotzt. Ich habe auf jeden Fall in das Dreiradauto meines Opas gekotzt. Und einmal auf der Autobahn ins Firmenauto meines Papas, das er frisch und sauber von der Werkstatt abgeholt hatte.

»Ich hätte garantiert gekotzt«, sage ich zur Katy. »Beim ersten Mal im Trabi. Wenn ich ein Kind gewesen wäre und meine Eltern hätten ihr ganzes Leben auf den Trabi gewartet. Ich hätte gekotzt vor lauter Aufregung. Ich war immer am Kotzen als Kind, im Auto. Eigentlich.«

Katy lächelt. »Ich glaube, mein Cousin hat mal ins Auto gekotzt«, sagt sie. »Aber nicht vor Aufregung. Er hatte zu viel gegessen.«

Wir gehen zurück ins Wohnzimmer und Katy macht eine Flasche Rotwein auf.

»Hey, Katy«, sage ich. »Wenn sie so schlecht waren, die Trabis, warum hat man denn so lange auf sie warten müssen? Warum hat das denn so lange gedauert in der Fabrik? Wenn sie eine so schlechte Qualität hatten?«

Katy fängt an zu lachen. »Jacinta«, sagt sie. »Das versuche ich dir die ganze Zeit zu erklären. So schlecht waren sie auch wieder nicht.« Und dann wechselt sie das Thema und gießt mir Wein ein.

Wir fühlten neben unserem Schmerz ein wenig auch den ihren

In London war alles ausnahmslos besser als bei uns im Osten. Meine Güte, wir nahmen noch nicht einmal richtig wahr, dass wir in Berlin wohnten, schließlich war es nur Ostberlin, aber das durfte man nicht einmal sagen. Ein Freund von mir handelte sich einmal riesige Probleme ein, als er beim lustigen Weihnachtsquiz im Geografieunterricht bei der Aufgabe »Stadt mit ›O‹« kurzerhand »Ostberlin« an die Tafel schrieb. Da war die weihnachtliche Stimmung sofort im Eimer, die an einer sozialistischen Schule ohnehin nichts zu suchen hatte. Dabei war es das »Ost« viel mehr als das »Berlin«, das unser Leben bestimmte.

Dass wir Berliner waren, spielte nur eine Rolle, wenn uns Jugendliche aus der Provinz verprügeln wollten. Denn angeblich gab es in der Provinz noch weniger zu kaufen als in Ostberlin, was für uns überraschend war. Was gab es überhaupt noch, das es nicht gab? In jedem Fall war der übliche Lösungsansatz der ostdeutschen Landjugend für die Probleme der Welt: Ostberliner Jugendliche verprügeln. Ob sie glaubten, dass wir persönlich für die schlechte Versorgungssituation zuständig waren oder ob sie irgendeine komplizierte Hoffnung hatten, dass durch die Prügel, die wir bezogen, Veränderungsprozesse in Gang gesetzt würden, an deren Ende sie Westjeans im Dorfkonsum finden würden?

»Guck mal, die kommen aus Berlin, die sind schwul, denen hauen wir auf die Fresse!« Na prima! An Zahnersatz kam man ja auch nicht heran. Ihre Hände waren von Landarbeit und Maschinenschlosserei zu schlagkräftigen Instrumenten herangewachsen. Im Osten musste man immer beides können, schließlich konnte man nicht mal eben den Maschinenschlosser anrufen und sagen: »Heitidei, mein Mähdrescher ist kaputt. Herr spezialisierter Maschinenschlosser, könnten Sie mal rasch hier vorbeikommen und ihn rasch reparieren?« Das ging schon deshalb nicht, weil kein Mensch Telefon hatte, und selbst wenn zufällig Landarbeiter und Maschinenschlosser bei der Stasi gewesen wären und deshalb mit einem Telefonanschluss versorgt gewesen wären (der Konjunktiv ist hier im Grunde zu schwach, um die Unwahrscheinlichkeit dieser Denkfigur zu unterstreichen, es müsste so etwas wie Konjunktivpotenzen geben, denn schließlich gibt es unwahrscheinliche Ereignisse wie den Aufprall eines Meteoriten auf die Erde, zwei Menschen auf dem Land in der Ostzone, die beide einen Telefonanschluss haben, ein freundlicher Volkspolizist), wenn jedenfalls der gedachte Landarbeiter den hypothetischen Maschinenschlosser erreicht hätte und auch noch die Impertinenz besessen hätte, den oben erwähnten Satz zu äußern, dann hätte der Maschinenschlosser sofort den Hörer auf die Gabel aus Imitatplastik gelegt, hätte auch alles andere stehen und liegen gelassen und wäre unverzüglich zum Landarbeiter gefahren, um diesen für seine Frechheit eine reinzuhauen. Denn der Maschinenschlosser hatte niemals Zeit in der Erntezeit, schließlich musste er ja seine Rüben ernten, weil ihm kein Landarbeiter dabei half, er aber auch im Winter etwas zu essen haben wollte, zum Beispiel Rübensuppe oder Rübenmus zu Weihnachten mit Muckefuck – was kostet die Welt?

Wenn uns also die durch zahlreiche Produktionstätigkeiten gestählten Hände bearbeiteten, dann dachten wir zwischen Schmerz und Todesangst daran, wie lächerlich das Ganze im Grunde doch war. Hätten wir Sartre gekannt und wäre die Sache mit den Telefonen nicht gewesen, hätten wir den großen Franzosen angerufen, um ihm zu raten, doch mal über diese Situation ein Essay zu schreiben: Wie ein paar Ostberliner von Sachsen verprügelt wurden, weil die Ostberliner ihre Kleidung, die sie bei *Kleidung für Arbeit und Beruf* gekauft und mithilfe irgendwelcher Privatrezepturen und unter Beeinträchtigung der elterlichen Badezimmereinrichtung schwarz gefärbt hatten, – weil noch etwas Färbesud übrig war, hatten sie auch gleich noch die Köpfe reingehalten, um jetzt schwarze Haare zu haben –, dazu gebrauchte Westschuhe, während die Sachsen in Jeanshosen der Marke *Shanty* und *Tramper Klettis* aus braunem Wildleder herumliefen und dachten, dass die Ostberliner dem westlichen Standard viel näher seien. Der Grund für die Fäuste war nicht die sozialistische Grundeinstellung, sondern der Neid. In einem universellen Maßstab gemessen, waren wir Ostberliner der Landjugend aus dem Kreis Borna sehr viel ähnlicher als irgendjemandem sonst auf der Welt; wir saßen vielleicht eine Bank weiter vorn im selben Boot, dafür waren wir alle zusammen Welten von London, dem Epizentrum der Coolness, entfernt.

Es war nett, dass die Jugend in Borna alles dafür tat, dass wir uns wie Weltbewohner fühlten, tatsächlich gab es wohl die Ostkaugummis nicht in ihren Dorfkonsums, die es in Berlin immer gab. Wir Ostberliner fühlten uns allerdings nur als Materialprüfer: Nach fünfzig bis sechzig Mal kauen verwandelten sich diese Kaugummis in Beton, dann musste man Glück haben, dadurch keinen Zahn an die ostdeutsche Lebensmittelproduktion zu verlieren, denn, wie schon gesagt, Zahnersatz gab es nicht. Die Kaugummis waren unserer Meinung nach nichts, was die Provinz vermissen sollte. Die Provinz war immerhin noch ein relativ sicherer Ort, besonders die Täler der Ahnungslosen, in denen man nicht vom Westfernsehen gequält wurde, obwohl sie sich das dort so wünschten wie nichts, aber schließlich ist »Albtraum« nur ein anderes Wort für »erfüllte Träume«. Denn wir in Ostberlin hatten Westfernsehen und Westradio, sieben Tage in der Woche, vierundzwanzig Stunden am Tag. Wir wussten, dass selbst die Westberliner, die in jedem Fall cooler waren als die Westdeutschen, davon träumten, so cool zu sein wie die Londoner, obwohl sie praktisch alles kaufen und überall hinfahren konnten. Wir kamen sogar manchmal mit den Westberlinern ins Gespräch, sie schwärmten davon, wie großartig irgendwelche Clubs in London doch wären; wir kamen uns dann vor wie Goldfische in einem schlammigen Glas ohne Licht und Pflanzen, das in einer Ecke des Kohlenkellers abgestellt und vergessen worden war, die Besuch von schillernden Korallenfischen aus dem Atlantik bekommen hatten, die darüber jammerten, wie großartig doch der Pazifik vor Australien ist.

In Borna war es bestimmt auch beschissen, aber die sollten sich doch freuen, wenigstens bekamen sie das alles nicht auch noch täglich unter ihre Nasen gerieben.

MY FAVOURITE FEIERTAG

Mein least favourite Feiertag, das ist der Valentinstag. Mann, hasse ich den Valentinstag!

Ich bin immer so neidisch auf Ostler, wenn sie nicht wissen, was das ist.

Der ganze Tag ist einfach ein Tag voller Erniedrigung, jede Sekunde muss man so tun, als ob man gegen Amerikanisierung ist: »Mein Freund und ich feiern keinen Valentinstag, wir finden, das ist eine Amerikanisierung und wollen da nicht mitmachen, Liebe kann man nicht in Geschenken messen, ODER?«

Die Leute gucken dann verblüfft und sagen: »Komm schon, das ist doch romantisch, ist doch süß. Ein bisschen Schokolade schadet nie.«

»NEIN!«, rufe ich verzweifelt. »Ich boykottiere das! Mein Freund weiß, dass wenn er mir was schenken würde, ich es verbrennen müsste. Ich würde die Blumen verbrennen müssen. Wenn er mir einen Flug nach Rom reserviert hätte, würde er alleine fliegen müssen! Ich feiere Valentinstag grundsätzlich nicht. Ich hasse das. Ich bin dagegen. Amerikanisierung. Weißt du, ich hasse Amerikanisierungen! Ich würde die Tickets für unsere romantische Reise nach Rom sofort zerreißen müssen. Gott sei Dank kauft er mir keine!

Gott sei Dank! Ich mache nicht mit bei diesem amerikanischen Kapitalismus-Quatsch! Niemals!«

»Also«, sagen die Leute. »Vielleicht nicht gleich eine Reise nach Rom, aber ein Teddybär mit einem Herzen drauf oder so was.«

»NICHT MIT MIR!«, rufe ich endlich ins Gesicht der Pro-Valentinstag-Sprecher. Gott, ich hasse Valentinstag. Wenn ich jemals Bundesministerin für Frauen und Familien werde, verbiete ich diesen erniedrigenden Scheiß.

Ich bin so neidisch, auf die Ein-Euro-Job-Tante in Ryans Hort, die mich einmal gefragt hat, was der Unterschied zwischen Valentinstag und Christi Himmelfahrt ist.

»Sag mal«, fragte sie. »Was ist genau der Unterschied zwischen Valentinstag und Christi Himmelfahrt? Ist das nicht eigentlich dasselbe?«

Ich sah sie vorsichtig an.

»Erm«, sagte ich höflich. »Der Valentinstag ist im Februar. Und Christi Himmelfahrt im Frühsommer. Das wäre zum Beispiel ein Unterschied.«

Die Ein-Euro-Tante blickte mich völlig verblüfft an.

»Der Valentinstag ist im Februar? Seit wann denn das? Haben sie das verändert?«

»Erm«, sagte ich höflich. »Seit immer, eigentlich. Soweit ich weiß. Er war immer im Februar.«

»Echt?«

»In der Nähe von Fasching«, sagte ich.

»Aber wir bekommen nicht frei an dem Tag, oder?«, fragte sie.

»Nee«, sagte ich.

»Das ist kein echter Feiertag«, sagte sie.

»Nee«, sagte ich.

»Wahrscheinlich ist er bei euch ein echter Feiertag?«, fragte sie. »Kommt doch daher, woher du herkommst. Habt ihr an dem Tag frei? Was esst ihr denn so zum Valentinstag?«

Ich überlegte kurz, ihr die Wahrheit zu sagen, dass Valentinstag in England eigentlich genauso eine künstliche Tradition ist wie hier, mit dem kleinen Unterschied, dass die Kartenfirmen ein bisschen früher damit angefangen haben, diese künstliche Tradition durchzusetzen. Aber das Leben ist zu kurz, entschied ich mich, um immer die Wahrheit zu sagen.

»Hähnchen und Bratkartoffeln«, sagte ich. »Mit so einer Weißweinsoße. Voll lecker eigentlich. Aber manche Leute im Norden des Landes essen Fisch. Und die in Schottland feiern es kaum.«

»Also, damals, bei uns, hat man es auch nicht gefeiert. Christi Himmelfahrt auch nicht. Wir haben das nicht gekannt. Warum feiert man das, weißt du das überhaupt?«

»Erm«, sagte ich. »Ist das nicht der Tag, an dem Jesus hochgegangen ist? Nach oben?«

»Das machte er doch am Ostermontag«, sagte sie.

»Nee«, sagte ich. »Eigentlich nicht. Am Ostersonntag ist er auferstanden und so. In einer Höhle oder so. Maria Magdalena hat gemerkt, dass er nicht da ist, und dann haben sie da rumgehangen und so. Ich glaube, am Ostermontag haben sie einfach nur so rumgehangen.«

»Und erst Christi Himmelfahrt ist er nach oben gegangen? Was hat er die ganze Zeit gemacht?«

Ich wusste es auch nicht und zuckte unsicher mit den Schultern.

»Keine Ahnung«, sagte ich.

»Gechillt«, sagte die kleine Praktikantin aus Schweden, die in der Ecke saß. »Er hat einfach gechillt.«

Ein Erzieher sagte: »Christi Himmelfahrt hat nix mit Valentinstag zu tun. Aber es ist derselbe Tag wie der Männertag. Männertag und Christi Himmelfahrt sind am selben Tag.«

»Ach so, ja, das mit dem Bollerwagen«, sagte ich.

»Sie haben alle Feiertage verändert«, sagte die Ein-Euro-Tante. »Alles verändert. Halloween, zum Beispiel. Was soll das? Dieses Halloween?« Sie sah mich vorwurfsvoll an. »Findest du das gut?«, fragte sie. »Ihr findet das gut, oder. Ich finde das nämlich scheiße. Das ist sanktionierte Schikane, das ist was das ist.«

Ich hasse Halloween auch, ich finde, das ist tatsächlich Amerikanisierung. Aber da mein Sohn viel mehr Macht über mich hat als ich über meinen Freund, feiern wir es trotzdem. Und, obwohl ich es hasse, muss ich gestehen: Weil Ryan es liebt, finde ich es manchmal dann doch ein bisschen süß. Zum Beispiel bei seinem ersten Halloween, da rief er durch den ganzen U-Bahn-Waggon: »Mans! Nicht Angst! Ich kein echt Vampir! Nicht Angst, Mans!« Und dann sah er eine Frau im Ganzkörperschleier, der allerdings türkis war, und zwar knalltürkis. Da rief er: »Halloween Party! Monster! Ich Angst Monster! Halloween Party!« Da musste ich ihm zuflüstern: »Das ist kein Monster, das ist eine muslimische Frau.«

Was ich wirklich schlimm finde, das sind deutsche Leute, egal ob Ost oder West, die Halloween gut finden. Zum Beispiel meine Freundin Katy, deren Eltern in einem kleinen Dorf in Brandenburg leben. Die findet Halloween gut. Sie liebt es. »Halloween!«, ruft sie, begeistert, verlogen. »Das ist so viel Spaß!«

Einmal hat sie eine Gruppe von Eltern aus der Kita überredet, mit ihr aufs Land zu ihren Eltern zu fahren, um dort eine Halloweenfeier zu machen. Ich dachte, sie wollte im

Hause der Eltern feiern, aber, nein, sie hatte vor, das richtig durchzuziehen, das mit dem Trick or Treating.

Gott, war das peinlich.

Es war nicht so, dass die Menschen beleidigt oder verärgert waren, als wir an ihre Türen klopften. Ich glaube, beleidigte Menschen wären nicht so peinlich für uns gewesen wie die, die uns öffneten. Das jedoch waren einfach total verständnislose Menschen. Manche haben einfach »nein« gesagt, und wir mussten weglaufen. Es war unerträglich peinlich. Dann erklärte Katy allen ausländischen Eltern, sehr laut und sehr deutlich, dass wir jetzt im Osten seien, und die Menschen hier Halloween noch nicht kannten.

»Sie sind Ostler. Alle Leute in diesem Dorf sind Ostler. Ich bin in diesem kleinen Dorf aufgewachsen. Wir hatten das nicht. Wir hatten nur 1. Mai und sozialistische Feiertage. Aber jetzt lernen sie Halloween doch kennen. Nächstes Jahr, wenn ihr wiederkommt, werden sie wissen was los ist.«

Es war mir so peinlich, ich hatte Muskelkater in meinen Oberschenkeln von dem ganzen Zusammenzucken. Am allerschlimmsten waren die Leute, die uns doch was gegeben haben. Ein alter Opa hörte sich Katys Ansprache an, sah die Kinder in ihren Kostümen und nickte. Dann verschwand er kurz im Wohnzimmer, kam wieder, und gab uns eine halb geöffnete Packung Mentos. Er hatte überhaupt keine Freude am Überreichen der Süßigkeiten. Er hat uns die Mentos nur gegeben, damit wir weggehen. Gott. War das peinlich. Bestimmt hätte er sich damals mehr gefreut, wenn die Stasi spontan geklopft hätte. Im nächsten Jahr überredete ich Katy, in Kreuzberg Halloween zu machen. Da haben auch manche Leute verständnislos geguckt, aber nur weil sie kein Deutsch sprachen oder auf Drogen waren, und meine Oberschenkel haben mir danach nicht so wehgetan.

»Ich hasse Halloween übrigens auch«, sagte ich zu der Ein-Euro-Tante. »Es ist mein am wenigsten geliebter Feiertag. Ich mag's wirklich nicht.«

Sie grinste mich an.

»Weißt du was mein Lieblingsfeiertag ist?«, fragte sie mich. »Frauentag. Das war ein cooler Feiertag. Das hat Spaß gemacht. Wir haben nicht frei gehabt, aber wir haben auch nicht gearbeitet, und wir haben immer Wein und Sekt getrunken. Damals habe ich in einer Fabrik gearbeitet. Und wir waren dann immer ziemlich besoffen. Und dann kamen die Männer und gaben jeder von uns eine Blume. Das war ein schöner Tag für die Frauen. Viel besser als dieser Valentinstag.« Dann korrigierte sie sich schnell. »Obwohl sich das voll lecker anhört, das mit dem Hähnchen und der Weißweinsoße und so.«

Ich nickte. Es hörte sich wirklich total cool an, der Frauentag. Ich stellte mir vor, wie ich in einer Fabrik arbeiten und Wein und Sekt und Blumen bekommen würde, von allen, nur weil ich eine Frau bin, und nicht nur von einem Mann, weil ich manchmal einverstanden war, mit ihm zu vögeln. Frauentag, das ist viel cooler als der Männertag. Und viel, viel cooler als der Scheißvalentinstag.

Als ich nach Hause kam, sagte ich meinem Freund, dass wir dieses Jahr Frauentag statt Valentinstag feiern würden.

»Das ist ein feministischer Valentinstag«, sagte ich ihm. »Und hat nix mit Amerika zu tun. 8. März. Schreib es dir in deinen Kalender.«

Als mein Freund allerdings am 8. März dieses Jahres nach Hause kam, und sich im Wohnzimmer die Schuhe auszog, sah ich, dass er doch ziemlich empty-handed gekommen war.

»Wo ist mein Geschenk zum Frauentag?«, fragte ich trotzdem optimistisch.

»Ach so«, sagte er. »Ich habe es mir überlegt. Ich habe das mal durchgedacht, das mit dem Frauentag. Das soll eigentlich ein politischer Tag sein, an dem man für die Befreiung der Frauen kämpft. Weil es immer noch so viel Ungleichheit auf dieser Erde gibt. Frauen besitzen nur ein Prozent des Landes auf dieser Welt. Deutsche Frauen verdienen dreiundzwanzig Prozent weniger als die Männer. Tausende Mädchen werden auf dem Weg zur Schule angegriffen. Und ich finde es einfach falsch, aus so einem politischen Tag einen Valentinstag-Ersatz zu machen, so einen billigen Valentinstag-Ersatz. Weißt du eigentlich, dass Blumen schenken total chauvinistisch ist? Das ist ein chauvinistisches Symbol. Voll chauvinistisch. Nein. Ich will dir keine Blumen schenken zum Frauentag. Mein Geschenk für dich ist, dass ich gemeinsam mit dir gegen die Unterdrückung und für die Befreiung aller Frauen auf dieser Welt kämpfen werde.«

Ich sah ihn an. Ich nickte. Und dann schnaubte ich: »Zieh dir die Schuhe wieder an, geh in die Neuköllner-Arkaden und komme wieder, wenn du mir ein Geschenk zum Frauentag gekauft hast. Sonst bekommst du bis Weihnachten keinen mehr geblasen.«

Er kam eine halbe Stunde später mit der Jubiläums-Edition von *Pretty Woman*. Wir sahen den Film zusammen, nachdem der Kleine schlief.

»Es muss geil sein, mit einer Nutte verheiratet zu sein«, sagte mein Freund, als der Film zu Ende war.

Man muss aufpassen bei den Männern, dachte ich. Zuerst finden sie Valentinstag amerikanisch, dann finden sie Frauentag anti-feministisch, irgendwann mal konvertieren sie zu

Jehovas Zeugen, um das Geld für deinen Geburtstag und die Weihnachtsgeschenke zu sparen.

Aber laut sagte ich nur: »Ja. Immer. An Feiertagen kann man ihnen einfach Bargeld geben, anstelle von Geschenken. Voll praktisch.«

»Feiern wir ab jetzt jedes Jahr Frauentag?«, fragte mich mein Freund.

»Na klar«, sagte ich. »Das ist überhaupt mein Lieblingsfeiertag in Deutschland.«

»Okay«, sagte er, und wir gingen beide total zufrieden ins Bett.

Wir konnten nicht einschätzen, was die meinten, wenn sie von Alkoholproblemen sprachen

Ein grundsätzliches Problem der DDR war ihre Größe, beziehungsweise ihre Kleinheit, genauer: ihre tatsächliche Kleinheit im Vergleich zu ihrer behaupteten Größe. Die DDR war wie ein kleiner Mann, der volltrunken in der Kneipe herumsteht, brüllt, dass er es mit jedem hier aufnehmen könne, und der das peinlich berührte Schweigen der Größeren und Kräftigeren um ihn herum als Zustimmung auffasst, obwohl er doch im Inneren seines Herzens weiß, wie es wirklich um ihn steht. So war einer der schönsten Tage der ostdeutschen Staatsführung in den siebziger Jahren, als irgendein Algorithmus irgendeines unabhängigen Instituts ausgerechnet hatte, dass die DDR das zehntgrößte Industrieland sei. Vielleicht hatte die Studie die Industrieproduktion ins Verhältnis zur Einwohnerzahl gesetzt, ohne dabei auf die Qualität der produzierten Industriegüter zu achten, vielleicht war die Studie auch einfach von der Stasi bezahlt oder vom *Neuen Deutschland* erfunden worden, jedenfalls wirkte sie auf die ostdeutsche Führung wie ein Aphrodisiakum und danach sollte keine Woche mehr vergehen, in der nicht in mindestens einer ostdeutschen Zeitung erwähnt wurde, dass die DDR »eine der zehn führenden Industrienationen der Welt« wäre, bis zu dem Tag an dem diese führende Industrienation vor die Hunde ging, ihre maroden Fabriken geschlossen wurden und ihre mangelhaften Produkte schnell in Vergessenheit gerieten.

Alles an der DDR war klein und gernegroß. Wir hatten zwar Autos, aber sie waren aus Pappe. Diese hatten zwar Motoren, aber im Land der Automobilerfinder wurden Zweitaktmotoren verbaut, die sich in allen anderen Ländern nur noch in Mopeds fanden. Der Vorteil daran war, dass wir durch diese Autos für eine Fahrt durch das ganze Land genauso viele Stunden brauchten, wie die Bewohner der anderen neun führenden Industrienationen, vermutlich zusammengerechnet. Alles war so klein in der DDR. Unsere Münzen waren aus Aluminium, die einzige Münze, die so aussah, als wäre sie womöglich etwas wert, war die 20-Pfennig-Münze aus einer Art Bronze. Alle anderen Münzen und Scheine wirkten wie Spielgeld aus einem Kinderspiel, das vielleicht einmal in der unmittelbaren Nachkriegszeit populär gewesen war. Es war typisch für die DDR, dass wir sogar eine eigene Minderheit ausgruben, damit wir wie alle anderen großen Länder eine nationale Minderheit hatten. Sie wurde irgendwo in den Sümpfen des Spreewaldes gefunden und sie hieß »Sorben«. Aber auch die Sorben waren in ihrer Harmlosigkeit und Kleinheit erschreckend ostdeutsch. Dieses Volk hatte niemals einen Kampf für Unabhängigkeit geführt, und über seine Religion wurde nicht gesprochen, weil dieses Opium für das Volk aus ideologischen Gründen nicht verfügbar war, und es das echte Opium aus ökonomischen Gründen nicht gab und Mohn einfach nicht wachsen wollte auf den Lehmböden der Mark. Während die katholischen Nordiren sich vom anglikanischen Großbritannien freibomben wollten und die ETA für ein unabhängiges Baskenland kämpfte, bestand der nationale Minderheitenstatus der Sorben darin, dass sie eine komische Sprache, abwegige Trachtenkleidung und andere Osterbräuche hatten. Die Kleidung zeichnete sich durch riesige, ausladende Hüte aus, was im dicht bewachsenen, schwer zugänglichen Spreewald mit seinen tief hängenden Ästen und Milliarden von Mücken absurd unpraktisch war, und wenn man sich vorstellte, wie so ein Sorbe auf seinem Floß durch die Spreewälder fährt und plötzlich ein Mückenschwarm über ihn herfällt, er heftig mit dem Kopf wackelt, auf dem der breitkrempige Hut sitzt, den er aber - weil, er ist ja nicht blöd - mit einem Band fest an seinem Hals befestigt hat, die Krempe sich dann in einem der Äste verfängt und das Floß schwungvoll weiterfährt, während Ast, Hut und Band weiter am Hals des Sorben ziehen, dann konnte man ahnen, warum die Sorben in den letzten Jahrhunderten von einer slawischen Mehrheit im Osten Brandenburgs zu einer nationalen Minderheit geworden waren.

Es war eigentlich absurd, dass wir Unterricht in Geografie und Astronomie hatten. Denn wir konnten noch nicht einmal über das ganze Meer fahren, das vor unserer Küste lag, wir durften nicht in die meisten unserer Nachbarstaaten reisen, geschweige denn in Länder, die noch weiter weg lagen, wir konnten nicht einmal die Hälfte der Stadtteile unserer eigenen Heimatstadt besuchen, es war wirklich nicht notwendig, uns auch noch in der Schule mit Vorstellungen von Weite und Unendlichkeit zu quälen. Doch nach allem, was wir wussten, nach den Berechnungen, die unseren kleinen Geistern möglich waren und den spärlichen Fakten, die wir in unsere Berechnungen einbeziehen konnten, war London der beste Ort im Universum. London war ein Ort, von dem selbst die Westler träumten, obwohl sie doch schon im Paradies lebten. London war ein Ort, zu dem Westberliner Plattenfans fuhren, um in den dortigen Läden, seltene, besonders großartige Schallplatten zu erstehen, Westberliner Plattenfans, die in einer Stadt lebten, in der es alle uns bekannten Platten, aller uns bekannten Superbands jederzeit zu kaufen gab. London war der Ort, in dem diese Superbands umjubelte Superkonzerte gaben. London war der Ort, in dem die Superstars der Superbands wie Penner behandelt wurden, was die einzige Schlussfolgerung zuließ, dass die anderen Londoner noch superer als die Superstars waren.

Wir wunderten uns nur über eine Sache: was für ein Problem die Londoner mit Alkohol hatten. Sie tranken abends lauwarmes Bier in den Pubs, die zu einer bestimmten Uhrzeit zumachten, nach der die Betrunkenen aus den Gaststätten schwankten, sich prügelten und dann nach Hause gingen. Wir konnten es nicht verstehen. Nach allem, was wir wussten, tranken die Leute in London überhaupt erst am Abend und praktisch nie auf der Arbeit. Das wäre bei uns nicht denkbar gewesen. Wie produzierten die Briten so schnittige Autos, wenn keiner der Arbeiter ruhige Hände hatte? Und was trank man in der Mittagspause, wenn man dann keinen Alkohol trinken sollte und sogar Bier als alkoholisches Getränk galt? Wie feierte man mit den Kollegen seinen Geburtstag, was machten die Frauen am Internationalen Frauentag? Und selbst wenn man endlich am Abend trank: Warum nur warmes Bier? Was war mit einem Herrengedeck, wann und zu welchen Anlässen trank man überhaupt Schnaps? Wieso gab es nur diese dünnwandigen Gläser, die doch bei jeder Schlägerei viel zu schnell kaputtgehen würden und warum prügelte man sich außerhalb der Kneipe, wenn man doch drinnen viel mehr Material hatte. Wieso wehrte sich niemand gegen die Öffnungszeiten der Pubs, die offensichtlich nicht nur vor Mitternacht zumachten, sondern auch vor 6 Uhr abends nicht öffneten? Wer kümmerte sich um die Schichtarbeiter? Wo tranken die Frauen? Wo die Schüler? Wann schenkte man Pfefferminzlikör aus, und wenn es alles in London zu kaufen gab, warum machten die englischen Frauen nicht selbst Eierlikör? Was musste das für ein unangenehmes Temperaturerleben im Mund sein, wenn man den kalten Wodka nach dem warmen Bier trank. Oder machte man es umgekehrt, um sich gewissermaßen nach dem Wodka den Mund wieder aufzuwärmen?

Und: Warum wurden die Londoner von diesen lächerlichen Mengen Alkohol so betrunken? So klein die DDR war, in diesem Punkt waren wir wohl größer als London.

APRILSCHERZ

Wenn du ostdeutsche Leute nach Sachen über den Osten fragst, sind sie oft schnell genervt von dir. Sie sagen dann: »Du verstehst gar nichts davon! Du weißt überhaupt nicht, wie es war! Du hast keine Ahnung!« Und wenn du sagst: »Ja, ich weiß, deswegen frage ich«, dann wechseln sie das Thema.

Aber ich habe einen Trick entwickelt, um diese Reaktion zu vermeiden, und der klappt prima. Was ich tue ist, ich spare alle meine Fragen auf für die Zeit kurz nach dem Sex. Weil: Kurz nach dem Sex sind selbst ostdeutsche Leute nicht ganz so schnell genervt wie normalerweise, weil sie dann *unkonzentriert* sind.

»War der 1. April eigentlich verboten, damals?«, frage ich einmal einen Liebhaber.

Er guckt mich verwirrt an. Und nickt und überlegt. Dann sagt er: »Ja. Na klar. Du meinst zu Ostzeiten? Ja. Damals hatten wir keinen 1. April.«

»Dachte ich mir schon«, sage ich.

»Ja. Keinen 1. April. Wir sind einfach vom letzten Tag im März direkt zum 2. April gesprungen. So war das damals.«

Ich gucke ihn beleidigt an. »Du weißt, was ich meine«, sage ich. »Nicht das Datum, sondern den Tag, mit dem Spaß und den Tricks und den Scherzen und so.«

»Also Spaß war auf jeden Fall verboten bei uns, ja.«

»Und«, ich rede leise, so als ob jemand mich hören könnte. »Was ist euch passiert, wenn ihr trotzdem ein bisschen Spaß gehabt habt? Dann sind die Stasileute gekommen und haben euch gefoltert, stimmt's?«

»Ja«, sagt er. »Darf ich im Bett rauchen? Soll ich dir eine drehen? Ja, genau, Jacinta, so war das. Wenn man beweisen konnte, dass du Spaß gehabt hast, am 1. April, dann warst du ein Staatsfeind. Dann kam die Stasi und es ging los mit der Folter und so. So war's.«

»Hmmmmmmmmmn«, sage ich.

»Was?«, fragt er.

»Ich meine, stell dir vor, wenn Aprilscherze erlaubt gewesen wären. Dann hätte z. B. einer am Vormittag des 1. April gesagt: Oh, ich haue ab in den Westen! Und erst mittags sagt er: ›April, April!‹ Natürlich wäre das total anstrengend und gefährlich gewesen. Natürlich musste die Stasi das verbieten. Also, ich meine nicht natürlich natürlich, aber ein bisschen kann ich das doch schon verstehen, dass die Stasi das gemacht hat. Ich hätte es auch verboten, wenn ich in der Stasi gewesen wäre. Wahrscheinlich.«

»Ja, klar«, sagt er. »Ich sehe das ähnlich wie du. Für manche Entscheidungen der Stasi muss man schon ein bisschen Verständnis haben. Diese Aprilscherze, sie führen ins Chaos. Man weiß nie, woran man ist. Wahrscheinlich wäre die Mauer viel früher gefallen, wenn die Stasi nicht den 1. April verboten hätte. Muss man auch irgendwie einsehen. Bist du gar nicht müde, Jacinta? Wollen wir nicht schlafen?«

»Okay«, sage ich, aber nachdem er eingeschlafen ist, liege ich alleine wach, starre die Decke an und denke an alle die

Fragen, die ich ihm noch stellen muss. Hoffentlich macht er nicht Schluss mit mir, bevor ich alles über den Osten rausgefunden habe, alles was ich rausfinden muss.

Arm dran und Bein ab

Es war ein ewiger Wettkampf: Wir bemühten uns, alles über die schönen Seiten Londons in Erfahrung zu bringen, und unsere Lehrer bemühten sich, uns alles Schlechte über London zu vermitteln. Es hatte etwas Unsouveränes, so wie das hässliche dicke Mädchen, das fortwährend schlecht über die anderen Mädchen in der Klasse redet, es mag schon was dran sein, denkt man sich hin und wieder, aber das hässliche dicke Mädchen wurde dadurch nicht schöner. Nur in diesem Fall war das hässliche Mädchen nicht nur dick, sondern es hatte dazu auch noch überall Pickel, stank aus dem Mund, spuckte beim Sprechen, guckte kein Westfernsehen, schenkte den Lehrern Blumen zum Lehrertag, war schlecht in Sport, trug Kleidung aus der Mülltonne und war außerdem noch ein Junge, und ausgerechnet dieses Mädchen sprach fortwährend schlecht über die schönste Frau der Welt, in die wir alle verliebt waren.

Es war ja nicht nur so, dass wir keine Autos, keine Computer und keine Chromdioxid-Kassetten hatten oder dass es keine Bananen gab. Es gab nicht einmal Fahrradketten, vernünftiges Klopapier oder Cornflakes zu kaufen, und selbst der Weißkohl, der in die Läden kam, war angegammelt und alt. Sogar Zeitschriften waren bei uns regelmäßig ausverkauft! Man muss sich das vorstellen: Es gab in der DDR einen regelrechten Schwarzmarkt mit DDR-Zeitschriften, und zwar nicht, weil diese verboten waren, sondern weil über Jahrzehnte Tausende Exemplare zu wenig gedruckt wurden, um Papier zu sparen. Dafür wurde in den Fernsehsendern das Programm nie geändert, obwohl die Einschaltquoten von null nicht unterscheidbar waren. Die DDR war wirklich nicht in der Position, sich über andere lustig zu machen.

Aber merkwürdigerweise stimmten unsere Informationen und deren Informationen an dem Punkt überein, dass es in London Armut gab. Das verstanden wir nicht. Denn obwohl es klar war, dass wir nichts hatten, absolut nichts, gab es bei uns keine Armut, genauso wie es klar war, dass die in London alles hatten, absolut alles. Aber wie konnte man arm sein, wenn man alles hatte? Und es war doch nicht so schwer: Bei uns konnte man sich schon eine Mark damit verdienen, dass man eine Platte von *Depeche Mode* in bester Qualität direkt auf eine Kassette überspielte. Dramatisch nur, wenn sich eine polnische oder tschechische Firma entschied, genau diese Platte nachzupressen. Dann war das Geschäft von einem auf den anderen Tag erledigt. Man konnte aber immer noch das Cover der Platte als schwarzen Siebdruck auf billige weiße T-Shirts drucken, damit an die Ostsee fahren, es sich dort von Touristen aus den Händen reißen lassen und von dem Geld ein halbes Jahr ein gutes Leben führen, was länger war, als der Druck auf dem Stoff halten würde. Wenn man aber sogar eine Eintrittskarte für das Konzert von *Depeche Mode* zu verkaufen hatte, konnte man von den Einnahmen bequem ein, zwei Jahre leben. Und das nur als Beispiel, wie viel man allein mit einer Band aus einem Vorort von London machen konnte. Wie viel Geld hätte man da erst mit einer Band direkt aus London machen müssen! Und wir befanden uns ja nur am Rande der Galaxis, wie viel lukrativer musste das Geschäft erst im Zentrum der Sonne sein?

Was war los mit den Londonern? Verstanden sie nicht, dass sie auf Straßen von Gold durch ein Land voller Edelsteine flanierten? Wenn sie »Schöne neue Welt« oder »1984« haben wollten, mussten sie nur in den Buchladen spazieren und sich die Bücher kaufen. Wenn sie unter ihrer Armut litten, dann hätten sie doch einfach ein oder zwei dieser Bücher in die DDR tragen können. Hier wären sie als die Typen, die Huxley und Orwell im Original besaßen und lesen konnten, herumgereicht worden in den Wohnzimmern der Intellektuellen, hätten jeden Tag Rotwein, Schmalzstullen und Frauen haben können, so viel ihr Herz begehrt hätte, und hätten sich an jedem dieser Tage wie reiche, große Männer fühlen können. Das Modell hätte für eine Frau aus London mindestens genauso gut funktioniert, sie hätte noch nicht einmal die Bücher haben müssen und dennoch jeden Tag Kirschlikör serviert bekommen. Offensichtlich ging es keinem der Londoner Armen so schlecht, dass er sein Leben in Obdachlosigkeit, Drogensucht, zerlumpten Klamotten und Tuberkulose gegen ein Leben in der DDR eingetauscht hätte. Dafür hatten wir natürlich ein gewisses Verständnis, auch wenn es uns mit der schrecklichen Frage nach dem Wert unseres Lebens und unserer Errungenschaften konfrontierte, wenn jemand lieber daran starb, dass Ratten seine Leber in der Londoner Kanalisation fraßen, als in einer Vollkomfort-Wohnung in Marzahn »Rosenthaler Kadarka« zu trinken.

Dennoch war uns nicht klar, *warum* die Menschen in London arm waren. Schließlich gab es – das wussten wir genau – die *benefits*, die bis zu hundert Pfund pro Woche betragen konnten. Einhundert britische Pfund – klar, dass wir uns zusammenreißen mussten, wenn wir diesen Betrag nur hörten. Einhundert britische Pfund wären für uns ein echtes Vermögen gewesen. Man hätte von hundert Pfund in der DDR allein schon dadurch leben können, dass man sie anderen Leuten *gezeigt* hätte, Eintritt hätte man dafür verlangen können wie in einem Museum. Aber selbst wenn wir einmal ausklammerten, dass es in England wohl schwierig gewesen wäre, von anderen Menschen dafür ein Pfund Eintritt zu verlangen, dass sie sich hundert Pfund anschauten, verstanden wir die Aufregung nicht. Okay, London war teuer. Das heißt, wir gingen mal davon aus, dass alles Mögliche nicht nur etwas teurer war, sondern dass die Dinge *doppelt* so teuer wie bei uns waren, also im Grunde genommen zwanzig oder dreißig Mal so teuer, weil wir ja, um nüchtern und realistisch zu rechnen, nicht beachteten, dass man ein Pfund Sterling locker in zehn oder eher zwanzig Ostmark hätte umtauschen können. Wir sagten sogar »ein Pfund« zu unserem grünen Zwanzig-Mark-Schein, auf dem Johann Wolfgang von Goethe abgebildet war. Nein, aber das war nicht realistisch, also rechneten wir einfach mal eins zu zwei, also mit doppelten Preisen. Wo war dann das Problem der britischen Armen? Wenn sie ihre hundert Pfund bekamen und jeden Tag zehn Brötchen essen wollten, dann kostete das zehn mal zehn mal sieben, also sieben Pfund in der Woche. Dazu noch Butter und Wurst, großzügig gerechnet drei Pfund dazu. Die Monatsmiete musste auf Wochen umgerechnet werden, schlug dann also mit fünfzehn Pfund wöchentlich zu Buche. Klar, dass das absurd viel war, das hieße ja, dass man monatlich sechzig britische Pfund für eine Wohnung ausgab, dafür hätte man bei uns in einem Palast wohnen können, aber egal, wir wollten realistisch rechnen. Dann der tägliche Besuch im Pub, bei dem man dann fünf große Bier zu jeweils einem Pfund trank, machte insgesamt noch mal fünfunddreißig Pfund. Damit waren wir bei sechzig Pfund angelangt, was einen Restbetrag von immerhin vierzig Pfund bedeutete. Gut, Telefon. Die hatten ja Telefon, so etwas gab es bei uns nicht, sagen wir mal, zwanzig Pfund im Monat, fünf die Woche, blieben immer noch fünfunddreißig Pfund zur freien Verfügung. Strom und Gas vielleicht noch?

Was wollten die Armen von London? Es wurde uns nicht klar, so kühl wir auch rechneten, verdienten sie im Monat mehr in Pfund als ein Lehrling bei uns in Ostmark. Dazu musste man bedenken, dass der Lehrling um 5 Uhr aufstehen, den ganzen Tag Bier für die Brigade schleppen musste und jede anfallende Arbeit zu erledigen hatte, weil seine Brigade, wenn er ein guter Lehrling war, ja keine Zeit hatte, weil sie das viele Bier austrinken musste, das er herangeschleppt hatte. Und dafür bekam er hundertzwanzig Ostmark. Davon konnte er sich keine Platten und keinen Walkman und keine Reise nach Spanien und keine Lederjacke kaufen. Trotzdem wäre es ihm nie in den Sinn gekommen, sich als arm zu bezeichnen. Im Gegenteil, am Zahltag saßen die Lehrlinge gern unter uns blöden Abiturienten, übernahmen Runde um Runde und prahlten mit ihrem Reichtum. Das Londoner Bild von Armut musste einfach ein anderes sein. Wahrscheinlich fühlte man sich in London arm, wenn man kein Riesenauto fahren und nicht Mitglied im Golfclub sein konnte. Im Vergleich zu uns waren selbst die Armen dort Snobs.

DAS BILD DER FRAU

Ich glaube, dass ich mich, was Ostdeutschland betrifft, so ähnlich fühle wie Männer sich dem Weiblichen gegenüber fühlen: Ich bin fasziniert; ich will wissen, wie es war; ich wünsche mir, ich könnte rausfinden, wie sich das anfühlte; ich wäre gern da gewesen; ich würde es gerne mal ausprobieren, da zu leben, für einen Tag oder so – aber gleichzeitig bin ich doch total erleichtert, dass mir das nicht passiert ist. Es erinnert mich daran, wie es ist, wenn Männer mich nach dem weiblichen Orgasmus ausfragen oder nach der Menstruation, nach der Geburt oder danach, was wir immer auf der Toilette besprechen. Es ist dieser Ton in ihren Stimmen: eine Mischung aus Faszination, Neugier und Sehnsucht, eine Sehnsucht, die so sehnsüchtig ist, dass sie fast schon nach Neid klingt – was dann aber wieder abgemildert wird durch die hörbare Erleichterung, dass sie es nicht sind, denen das passiert.

»Wie lange dauern dann deine Orgasmen – so durchschnittlich?«, fragt mich ein Mann in der Disko, genau in demselben Ton, wie ich fragen würde: »Und wie lange musstet ihr im Ferienlager sein – so durchschnittlich?« Es ist diese Mischung aus Faszination, Neugier, Sehnsucht, ja fast schon Neid in der Stimme. Und am Ende: Erleichterung, dass man das nicht erleben muss.

»Gott sei Dank, dass ich nicht einmal pro Monat aus meinen Genitalien bluten muss«, denken sich heimlich die Männer in den Diskos. »Gott sei Dank, dass ich nie von der Stasi gefoltert wurde«, denke ich mir, nicht ganz so heimlich.

Ich denke, dass die Sehnsucht danach, das andere besser zu kennen, deswegen so groß ist, weil die Erleichterung darüber, es nicht zu sein, genauso groß ist.

Ich sitze mit meinem Kumpel im Café und blättere in verschiedenen Frauenzeitschriften.

»Ich weiß, dass deutsche Leute es hassen, wenn man sie pauschalisiert«, sag ich ihm, »aber fällt dir auch auf, wie selbstbewusst alle ostdeutschen Frauen sind? Echt alle? Also so ziemlich alle, alle, alle alle, ohne Ausnahme? Ist dir das auch aufgefallen?«

Er runzelt die Stirn wie ein Millionär in einem Groschenroman.

»Findest du?«, fragt er.

»Na ja, weißt du, ich kann ja nur aus meiner persönlichen Erfahrung sprechen. Und ich habe keine einzige ostdeutsche Freundin, die nicht super-super-super-super-SUPER selbstbewusst ist. Nicht eine einzige. Ich habe keine, die überhaupt jemals nur eine Sekunde Selbstzweifel gezeigt hat. Nicht eine halbe Sekunde. Nicht eine Viertelsekunde. Nicht eine .... erm ... Achtelsekunde. Ich habe nie eine unselbstbewusste Ostdeutsche kennengelernt. Nie. Nie im Leben. Ich glaube, es gibt sie einfach nicht. Im Vergleich zu jeder ostdeutschen Frau bin ich eine Mischung aus Fanny aus *Mansfield Park*, Bridget Jones, Princess Diana in den Achtzigern, als sie Bulimie hatte und immer versuchte, sich die Treppen runterzuschmeißen, und Ophelia. Aus *Hamlet*.«

Ich bin nicht so sicher, ob mein Kumpel mit einem von meinen Vergleichen was anfangen kann, er runzelt jedenfalls verständnislos seine Stirn und fragt mich langsam:

»Was ist mit der, die, wie heißt sie denn? Deine Freundin, die in Friedrichshain wohnt? Sie kommt aus Brandenburg, oder? Diese Friseurin? Sie schneidet sich die Arme wie Amy Winehouse oder so? Selbstbewusst kann man die nicht nennen«, sagt er.

»Ach, die«, sage ich. »Sie ist geisteskrank. Die ist nicht selbstbewusst und sie ist auch nicht *nicht* selbstbewusst. Sie ist einfach ein bisschen gestört. Aber *alle* anderen ostdeutschen Frauen sind super-super-super-super-super-super-super-SUPER-selbstbewusst. Ich denke immer, es muss an den Frauenzeitschriften liegen. Die Frauenzeitschriften bei euch müssen wirklich super gewesen sein.«

»Glaubst du, dass so was wirklich eine Auswirkung auf das kollektive Selbstbewusstsein hat?«

»Na klar!«, sage ich. »Das weißt du doch: Die Autorinnen, die bei diesen Frauenzeitschriften arbeiten, haben nur ein Ziel im Kopf: uns Mädels ein bisschen mehr Selbstbewusstsein zu geben. Na? Deswegen füllen sie ihre Zeitschriften mit hilfreichen Tipps, die uns selbstbewusster und so machen. Es ist sehr wichtig, dass eine Frau selbstbewusst ist, weißt du das? Und weißt du warum? Weißt du warum, eigentlich?«

»Sag's mir.«

»Also, es ist sehr wichtig, dass eine Frau selbstbewusst ist, weil man dann selbstbewusst *wirkt*, zum Beispiel auf einer Party, und dann werden alle die Männer auf der Party mit dir schlafen wollen, aber wirklich alle. Die Männer ficken nie unselbstbewusste Frauen. Ich hab's in der *Cosmo* gelesen.«

»Ach so.«

»Ja, deswegen, sagen sie immer in den Frauenzeitschriften, dass man sich nicht botoxen lassen soll. Weil eine Frau, die kein Selbstbewusstsein hat, für die Männer so was von abtörnend ist. Total abtörnend. Sie hassen das. Die Männer stehen nicht auf Frauen, die unsicher sind. Und selbstbewusste Frauen, die neigen dazu, es abzulehnen, wenn jemand ihnen vorschlägt, dass sie sich die Stirn mit Nervengift lähmen lassen sollen. Also, was denkst du, was soll man jetzt machen? Ich dachte, man könnte sich zum Beispiel heimlich botoxen lassen und den Männern nichts davon erzählen. Aber neulich habe ich in einer Zeitschrift eine noch bessere Idee gelesen. Man sollte einfach nie sein Gesicht zum Gesichtsausdruck verziehen. Dann braucht man überhaupt kein Botox.«

»Genial«, sagt er.

»Und weißt du noch was? Wenn dein Freund – oder dein Liebhaber oder so einer, egal wer – wenn der Mann dir ins Gesicht spritzt, weißt du, was du dann tun sollst? Du sollst das runterschlucken, nicht nur wegen der Etikette und so, sondern auch, weißt du warum? Weil es irgendwelche nützlichen Mineralstoffe in den Spermien gibt, die für deine Haut und deine Haare sehr wichtig sind. Deswegen haben Lesben immer so schlechte Haut und schlechte Haare. Ich dachte immer, es wäre nur ein Zufall.«

Mein Kumpel sieht mich angeekelt an.

»Das ist eklig«, sagt er, »voll eklig. So was schreiben sie in diesen Scheißblättern, die ihr immer lest? Was für ein Scheiß!«

»Die Journalistinnen, die für diese Zeitungen schreiben, wollen uns nur helfen«, erkläre ich ihm. »Sie wollen uns doch selbstbewusster machen. Deswegen schreiben sie das.«

»Sie wollen doch Zeitschriften verkaufen«, sagt er. »Und selbstbewusste Frauen werden tatsächlich niemals so 'ne Scheiße kaufen. Du meckerst immer über YouPorn, aber die Bilder und Botschaften dieser Scheißblätter sind viel frauenfeindlicher und gefährlicher. Alle Models sind magersüchtig, und dann werden sie noch dazu gephotoshoppt. Und alles Quatsch, was da geschrieben wird. Peelings und Botox und Haarverlängerungen und so eine Scheiße.«

Ich sehe ihn überrascht an.

»Du weißt was ein Peeling ist?«, frage ich erstaunt.

»Wissen tue ich es nicht«, sagt er. »Aber ich habe davon gehört. Ich bin Papa einer Teenagerin.«

»Die Journalistinnen versuchen uns zu helfen. Es gibt manchmal so eine Seite, auf der sie die Promi-Frauen zeigen, mit Cellulite und Schwitzflecken unter der Achsel und Falten auf den Knien und so. Dann machen sie einen Kreis um die Problemzone. Und dann schreiben sie: ›Promis – sie sehen auch wie normale Frauen aus, manchmal.‹ Dann kann man sie auslachen.«

Jetzt guckt mein Bekannter mich echt mitleidig an.

»Ja«, sagt er. »Weil es so lächerlich ist, wenn eine Frau wie eine normale Frau aussieht. Manchmal.«

Eine Welle von Depression kommt über mich. Ich bin deprimiert. Ich hasse es, wenn Männer feministischer sind als ich. Aber er hat total recht. Eigentlich darf es nicht die größte Beleidigung aller Zeiten sein, einfach wie eine normale Frau auszusehen. Ich wechsle schnell das Thema. Ansonsten befürchte ich, dass ich eventuell auch noch in ei-nen Strudel voller Selbsthass gerate und drin ertrinke. Und morgen hat mein Sohn eine Tanzaufführung, er soll den Vogel spielen, und wenn er nicht kommt, weil seine Mama in einen Strudel von Selbsthass geraten ist, dann würde die ganze erste und zweite Klasse darunter leiden.

»Also, erzähl doch mal von den Frauenzeitschriften bei euch, damals«, sage ich, »gab es die *Vogue*? Eine ostdeutsche *Vogue*? Gab es *Cosmo*? Oder gab es nur *Bild der Frau*?«

»Es gab so was wie *Vogue*«, sagt er. »Die hieß *Sybille*. Die kam nicht so oft raus, die war echt heiß begehrt. Sie haben darin Schnittmuster abgedruckt.«

Ich sehe ihn gönnerhaft an.

»Ach«, sage ich. »Du denkst das nur, weil du ein Mann bist und diese Zeitschriften nie gelesen hast. Gucke mal. Ich erkläre dir den Unterschied. Es gibt *Cosmopolitan*. Die ist für Karrierefrauen und voll von Tipps zu Sex und Depression. Dann gibt es *Bild der Frau*. Die ist für Hausfrauen und voll von Tipps darüber wie man seine Wasserhähne mit Essig richtig glänzend putzen kann. Und mit Schnittmustern und so. Dann gibt es die *Vogue*. Die ist für Magersüchtige, die teure Kleidung kaufen wollen. Bei der *Vogue* werden nie Schnittmuster verschenkt. Nee. Das muss so was wie *Bild der Frau* gewesen sein. Nur für Hausfrauen.«

Mein Bekannter nickt gleichgültig. »Okay«, sagt er, zuckt mit der Schulter. »Wenn du meinst.«

»Oh!«, sage ich. »Aber ihr habt doch keine Hausfrauen gehabt, oder? Weil alle in den Fabriken gearbeitet haben und ihre Kinder in die Krippe gebracht haben. Also eigentlich waren alle Frauen Hausfrauen, aber keine so richtig. Na ja, dann hast du bestimmt doch recht. Die haben der *Sybille* doch Strickmuster beigelegt. Bei euch gab es auch kein *Dior* und so was, oder? Weißt du, was ich glaube? Ich glaube, diese *Sybille* war bestimmt wie die Frauenzeitschriften bei uns während der Kriegszeit. Weißt du? Meine Oma hat mir mal ein paar gezeigt. So mit glücklichen Bildern von glücklichen, gesunden Frauen, die in Fabriken oder auf dem Bauernhof gearbeitet haben, und voller Tipps, wie man so aussehen konnte, als ob man Schminke oder Strumpfhosen anhätte, selbst wenn man kein Geld dafür hatte. Zum Beispiel: Du sollst dir in die Wangen kneifen um so auszusehen, als ob du Rouge angelegt hast. Und auch Strick- und Schnittmuster. Für sexy, trendige Kleidung, die man zu Hause machen kann. Bestimmt war sie so gewesen, oder, die *Sybille*? Oh, es muss damals so anstrengend gewesen sein. Für die Frauen. Den ganzen Tag in der Fabrik und dann kommst du nach Hause und musst noch trendige Kleidung aus der *Sybille* nähen. Zuerst Essen vorbereiten. Ganz viele Kartoffeln schälen. Bestimmt habt ihr keine richtigen Gemüseschäler gehabt, oder? Im Kommunismus. Ihr musstet einfach ein ganz scharfes Messer benutzen. Und dann, nachdem die Kinder ins Bett sind, sexy, trendige Klamotten aus der *Sybille* stricken und nähen. Bist du nicht glücklich, dass du ein Mann bist und keine Frau? Es ist so anstrengend, eine Frau zu sein. Ich denke, dass ich mich gegenüber Ostdeutschland so fühle wie die Männer sich gegenüber Frauen fühlen. Ich bin fasziniert – ich wünsche, ich wäre ostdeutsch – aber ich bin jeden Tag auch ganz dankbar, dass mir das doch nicht passiert ist. So ist es für euch auch, oder? Ihr fragt uns immer so fasziniert aus, aber letztendlich seid ihr ganz dankbar, dass ihr nichts damit zu tun habt – mit den Tagen und der Frauenfeindlichkeit und den Rasierdruck und so.

Ich bin auch ganz doll glücklich, dass ich nicht im Osten geboren bin – ohne richtige Gemüseschäler und so. Also, wenn schon Frau, dann eine kapitalistische. Obwohl es auch total anstrengend ist, heutzutage, das ganze Zupfen und Wachsen und Peelen und so. Man muss sich nicht so sehr konzentrieren, weißt du? Na ja, manchmal, wenn man so ’ne *Smokey-Eyes-Make-up-Tutorial* macht, dann muss man sich konzentrieren. Aber im Allgemein– «

Mein Bekannter sieht mich besorgt an. »Was für ’n Ding?«, fragt er, so schnell, dass es fast nur aus einer Silbe entsteht.

»Nix«, sage ich. Ich merke plötzlich, dass ich immer noch total deprimiert bin. Ich bin halt eine Mischung aus Fanny aus *Mansfield Park*, Bridget Jones, Lady Di aus den Achtzigern, als sie Bulimie hatte und sich immer die Treppen runterschmeißen wollte, und Ophelia. Aus *Hamlet*. Aber morgen in der Schule spielt mein Sohn den Vogel in einer Tanzaufführung. The show must go on. »Ich werde aufhören diese Scheißblätter zu kaufen«, verspreche ich meinem Bekannten. »Sie zerstören mein Frauenbild total.«

Und ich bleibe dabei – für fast eine ganze Woche.

Vielleicht betrieben sie Tauschhandel

So vieles mir an London auch attraktiv erschien, so rätselhaft blieb mir doch die Frage mit den Ausländern. Sogar im Westfernsehen war davon die Rede, dass es in London große Probleme mit Ausländern gebe. Überall auf den Straßen der Stadt schienen Ausländer herumzulungern, ihr Unwesen zu treiben. Menschen aus Pakistan, Sambia, Indien und Trinidad hielten sich in London auf und stellten ein Problem dar. Dabei ging es eindeutig nicht um Touristen, die ja auch Ausländer waren, aber eben nur für ein paar Tage nach London fuhren, die Tower Bridge fotografierten und dann wieder nach Hause fuhren.

Wir stellten uns dann gern vor, wie wir als Touristen die *Praktika*-Kameras aus unseren schicken braunen brotkastengroßen Schweinsledertaschen um den Hals ziehen und den Picadilly-Circus fotografieren würden. Zu Hause würden wir der ungläubig staunenden Menge den Fotoapparat und die Fotos zeigen, samt Negativen, damit niemand an eine Täuschung glaubte. Wir würden jahrelang auf Tournee durch die ganze DDR gehen können, im Sommer an der Ostsee, im Winter im Erzgebirge. In berstend vollen Hallen würden uns die Menschen an den Lippen hängen: »Die ersten DDR-Touristen in London – sie fuhren, sie sahen und sie kamen zurück!« Dias von uns mit *Weltfestspiele der Jugend 1978*-Hüten vor dem Buckingham Palace, Schnappschüsse von unseren Wildleder-Halbstiefeln neben den blank geputzten Stiefeln der *Beefeaters*, wir würden der atemlosen Menge davon erzählen, wie wir Sätze aus dem Englischunterricht tatsächlich in einer Situation sinnvoll hatten anwenden können: »One room with two beds for three nights, please.« »My name is Rico Schiederitz, I'm from Annaberg-Buchholz.« Auf dem Höhepunkt des Vortrages würden unsere Personenschützer eine stahlbewehrte Truhe öffnen, in der wir eine Schneekugel von Madame Tussaud's, ein T-Shirt mit einem Londoner Bus und zwei Kugelschreiber aus London aufbewahrten, wobei auf einem der Kugelschreiber sogar ein kleines Schiff über die Themse fuhr, wenn man den Kugelschreiber nach oben hielt. Die Leute wären außer sich gewesen, hätten gekreischt und wären in Ohnmacht gefallen. Schon deshalb ließen die niemals jemanden nach London reisen, weil derjenige so eine ungeheure Popularität errungen hätte, dass er leicht innerhalb von ein paar Jahren so populär geworden wäre, dass das Volk ihn zum König gekrönt hätte in einer Welle des Aufruhrs, gegen die der 17. Juni wie ein Kindergeburtstag ausgesehen hätte.

Abgesehen davon, dass wir noch nicht einmal einen Pass bei uns zu Hause haben durften und dass wir nicht einmal als Touristen nach Wuppertal durften, bevor wir so alt und gesundheitlich so kaputt waren, dass wir nicht mehr nach Wuppertal wollten, nach London hätten wir aus politischen Gründen niemals fahren dürfen. Das war der Trick der Diktatoren, sie zwangen uns in der sozialistischen Armee oder der sozialistischen Produktion so lange zu arbeiten, bis der letzte Funken Lebenswille in uns erloschen war. In London sprangen die 65-Jährigen in bedruckten T-Shirts und Turnschuhen durch die In-Clubs, in Ostberlin schlurften die 65-Jährigen mit komischen Kunstlederhüten und kleinschrittigem Gang vom Plüschkaffee zur Kaufhalle rüber. Doch selbst wenn wir hätten fahren dürfen, hätte es noch das klitzekleine Problem unserer Mittellosigkeit gegeben. Denn egal wie viel Ostgeld wir auch immer hatten, es war leicht auszurechnen, wie viel das in englischen Pfund wert war, weil Multiplikationsaufgaben, in denen einer der Faktoren Null ist, alle das gleiche Produkt haben. Im Mathematikunterricht hatte uns das Spaß gemacht, im wahren Leben war das Scheiße.

Trotzdem: Touristen in London konnten wir uns vorstellen. Aber Ausländer? Das konnten wir uns einfach nicht vorstellen. Was zur Hölle machten diese Ausländer da, die nicht Touristen waren? Es handelte sich offensichtlich um Menschen, die aus anderen Ländern kamen, in die sie nicht wieder zurückwollten. Aber das ging doch nicht! Wo wohnten denn diese Leute? Wohnraum war schwer zu bekommen, das kannten wir von zu Hause. Das wiederum musste heißen, dass diese Ausländer auf den Straßen und Plätzen herumlungerten. Doch was machten sie da? Sicher hätten sie gern gebettelt, aber das funktionierte nicht, da sie ja als Ausländer kein Deutsch konnten, beziehungsweise Englisch wie Deutsch in London ja hieß. Ich fragte Alexandra aus meiner Klasse, ob sie sich vorstellen konnte, was die Ausländer in London so machten. Vielleicht wusste sie etwas mehr, sie war Russin und erst vor zwei Jahren mit ihrer Familie aus Moskau zu uns gezogen, kannte also etwas mehr von der Welt. »Kannst du dir vorstellen, was die Ausländer dort in London machen?« Doch Alexandra hatte auch keine Ahnung. Auch in Moskau hatte es keine Ausländer gegeben, nur Armenier, Esten, Usbeken, alles Bürger der Sowjetunion also. Ich fragte meinen Mitschüler Giljong Kim, ob der vielleicht eine Ahnung hatte, was diese Ausländer in London so machten. Vielleicht würde er etwas wissen, schließlich war er in Pjönjang geboren, da würde er vielleicht ein paar mehr Informationen haben. Oder waren Ausländer in London so etwas wie Sachsen, Menschen, mit denen man in einer Stadt wohnt, die aber trotzdem niemals dazugehören? Aber Gille wusste es auch nicht. »Keene Ahnung«, sagte er. Er berlinerte stark.

Da man also nicht an vernünftige Informationen herankommen konnte, musste es so sein, dass die Ausländer auf den Straßen saßen, die Sprache nicht sprachen und auf etwas Unbestimmtes warteten. Keine Ahnung, wie sie sich ernährten, schließlich kostete alles in London Geld, und zwar richtiges Geld und nicht irgendein Spielgeld aus irgendeinem Mickymaus-Land. Je intensiver wir über das Problem nachdachten, umso stärker beschlich uns eine schreckliche Ahnung. Vielleicht waren die Ausländer in London so etwas wie gescheiterte Touristen aus den anderen Ostdeutschlands dieser Welt. Voller Hoffnung, blauäugig nach London gefahren, vollkommen begeistert vom Zauber der Stadt, außerstande die Sprache zu sprechen, ohne frei konvertierbare Währung in der Stadt ihrer Träume, weder das Geld noch den Wunsch nach einem Rückfahrticket haben, aber auch nicht wissen, wie man den nächsten Tag überstehen soll. Vielleicht gab es unter diesen Ausländern schon zahllose ehemalige DDR-Bürger, die nun gefangen waren in einem Niemandsland zwischen Tourismus, Ausbürgerung und Exil. Diese Gedanken ließen uns kalte Schauer über den Rücken laufen.

Unsere feierlichen Schwüre zur Jugendweihe hatten wir hingegen schnell vergessen

Die Politik in England war für uns ein ziemlich großes Problem. Einerseits war in England alles besser: die Musik, die Frauen, die Kleidung, der Punk. Es gab dort alle Bücher zu kaufen, die wir gern gelesen hätten, und Zeitungen, in denen echte Nachrichten standen. Als einmal *The Neurotics* in Ostberlin spielten, schrie Steve Drewett, der unterernährte Sänger, der wie alle vernünftigen Sänger mit nacktem Oberkörper auftrat, an dem zwei Hosenträger eine zu große Jeans befestigt hatten: »Don't believe in politicians! We are only playing for you, my friends. Don't believe in politicians!« Danach spielten sie den nächsten Punksong. Wir so: Yeah. Niemals zuvor hatte ein Erwachsener so offen, umfassend, zutreffend, freimütig und abschließend mit uns über Politik gesprochen. Und es war schon an diesem Abend auf der Insel der Jugend klar, dass auch zukünftig niemand an seine Leistung herankommen würde. Abgesehen davon, dass wir in einem psychisch veränderten Zustand waren, weil eine englische Punkband für uns Ostler spielte und wir Yeah zu allem gesagt hätten, was der Sänger in sein Mikrofon gebrüllt hätte, weil wir Angst hatten, dass die *Neurotics* während des Konzerts mitbekommen würden, dass sie im falschen, uncoolen und unfreien Teil Berlins auf die Bühne gestolpert waren, wo das Bier nicht gut schmeckte, es nicht das echte Haarfärbemittel gab und die Leute mit Bauarbeiterschuhen herumliefen, weil ein Paar echte *Doc Martens* hier so selten war wie eine vollständige Sonnenfinsternis und wo sie am Ende des Abends Geld bekommen würden, von dem sie sich Sauerkraut, Senf und - wenn sie gerade Glück haben sollten - ein paar Gläser *Globus Letscho* kaufen konnten, für das sie aber in London nicht einmal eine Packung *matches* bekommen würden, geschweige denn vielleicht sogar ein echtes *matchbox*-Auto für ihren kleinen Bruder.

Eine echte englische Punkband spielte für uns und wir hatten alle Hände voll zu tun, nicht zu sehr wie verstrahlte Zonenopfer auszusehen, sondern das nachzuahmen, was wir über gutes Verhalten auf Punkkonzerten gehört, gelesen oder gesehen hatten. Wir fühlten als Publikum eine viel größere Verpflichtung gegenüber den *Neurotics,* als die Band das uns gegenüber verspürt haben kann. Wir gingen zu jedem Lied so ab, als wäre es der größte, möglicherweise internationale Hit der Band, da wir doch die Platten nicht kaufen konnten, keinen Überblick hatten und lieber auf Nummer sicher gingen. Wenn sie kein Lied zustande gebracht und das Konzert besoffen nach vier Minuten abgebrochen hätten, dann hätten wir uns bestimmt die Schuld dafür gegeben. »Wir waren zu beschissen, stimmts? Tut uns leid«, hätten wir vielleicht hinter der Bühne gesagt. »Ist es, weil unser Englisch so beschissen ist? Niemand bringt uns vernünftiges Englisch bei. Es geht immer nur um *working class* und *banners for a demonstration.* Was? Ja, aber auf ganz uncoole Art, versteht ihr? Oder war es die Technik? Wir haben hier nur Osttechnik, aus einem Teil in Magnitogorsk gefeilt, haha. Totale Scheiße. Scheißklang, viel zu schlechte Lautstärke. Tut uns leid. Wollt ihr vielleicht noch ein Bier? Schmeckt Scheiße? Tut uns leid. Können wir irgendwas tun? Wollt ihr uns schlagen? Oder irgendjemand ficken? Nein? Na, nichts für ungut. Redet nicht allzu schlecht über uns, wenn ihr wieder zurück seid, ja? Wir versuchen wirklich, was wir können.« Wir hatten vielleicht ein kleines Minderwertigkeitsproblem.

Aber auch ohne die Ermahnung von Steve Drewett glaubten wir nicht an Politiker, auf gar keinen Fall. Yeah. Aber uns verwirrte, dass auch die Politiker in England so beschissen waren. Warum waren die Engländer eigentlich zu faul, auch ihre Politiker aus der Vielzahl cooler Menschen auszuwählen? Mussten sie ausgerechnet Margaret Thatcher zu ihrer politischen Führerin wählen, eine Frau, die auch Innenministerin der DDR hätte werden können? Wenn das ganze Land von tollen, kreativen, tätowierten, biertrinkenden Menschen nur so wimmelte, wie war ausgerechnet dieses menschenhassende Monster an die Macht gekommen? Wir wollten freie Wahlen in der DDR, aber wenn freie Wahlen zu Helmut Kohl führten und sogar im coolsten Land der Erde Margaret Thatcher das Ergebnis freier Wahlen war, welchen Sinn hatten dann freie Wahlen? Die eiserne Lady stürzte uns in eine metakognitive Krise: Wir fanden Thatcher genauso übel wie unsere Politiker, denen wir kein Wort glaubten, die aber sagten, dass Margaret Thatcher genauso übel war, wie wir das dachten, was aber angesichts der Tatsache, dass wir unseren Politikern kein einziges Wort glauben wollten, ein unüberwindbarer Widerspruch war, der nicht lösbar war.

Gut war, dass es in England wenigstens nicht peinlich war, links zu sein. *Labour* klang unendlich besser als *Arbeiterbewegung*. Wir waren für die streikenden Bergarbeiter und gegen die NATO-Atomraketen, aber gerade nicht, weil die Ostpolitiker diese Meinung vertraten, sondern wegen *Labour.* Wenn jemand fragte, wo wir politisch standen, dann sagten wir »links« und meinten damit »so wie *labour*«, was auch immer das hieß. »Mehr so *anarchy in the UK*-mäßig, wenn du weißt, was ich meine«, ergänzten wir dann vielleicht noch, um keine Missverständnisse aufkommen zu lassen. Da blieb dem Gegenüber nichts anderes übrig als »Klar« zu antworten, denn wer wollte sich schon mit der Frage blamieren, was das heißen sollte? Wäre jemand tatsächlich so blöd gewesen, diese Frage zu stellen, dann hätte man ihm antworten können: »Hallo? *Sex pistols,* Alter.«, und damit alles geklärt.

Der englische Hof wirkte auf uns anachronistisch. Im Geschichtsunterricht war die Entmachtung und Hinrichtung der Monarchen Europas sehr ausführlich behandelt worden. Kein blutiges Detail wurde ausgespart, obwohl wir damals noch keine zehn Jahre alt gewesen waren. Wenn es zu jener Zeit schon die Möglichkeit von Filmaufnahmen gegeben hätte, sie hätten uns stundenlang die besten Guillotine-Szenen vom Place de la Concorde gezeigt. Der Zar war von Wodka-besoffenen Matrosen aus dem Winterpalais geprügelt worden, der deutsche Kaiser von den Schnaps-besoffenen Kollegen nach Belgien. Warum es noch eine englische Königin gab, konnten wir uns nicht erklären. Hatten es die englischen Matrosen mit dem Whisky übertrieben, sodass sie den Weg zum Buckingham-Palast nicht mehr gefunden hatten und nun war die Gelegenheit vorüber?

Wir stellten uns die englische Monarchie als eine Art Staatstheater vor. Man hatte vergessen, sie abzuschaffen, sie gehörte nun zum Alltag und niemand machte sich unbeliebt, indem er sagte: »Schluss damit!« Vielleicht so wie die Einheitsgewerkschaften in der DDR, die ihre Funktion auch in einem wohlgestalteten Nichts sahen und sich offensichtlich nur für den Bau und die Reinigung von Ferienhäusern, statt für die Rechte der Arbeiter einsetzten. Königin Elisabeth, Prinz Charles oder Prinzessin Diana – das waren für uns gut bezahlte Laiendarsteller, für die wir uns wenig bis überhaupt nicht interessierten. Wir hätten gern einen Reisepass, bezahlbare Chromdioxid-Kassetten oder das aktuelle Album der *Screaming Blue Messiahs* gehabt, was interessierte uns da eine Gruppe von Superreichen, die in einer Stadt wohnten, in der es an jeder Ecke geile Klamotten zu kaufen gab und die sich stattdessen anzogen, als ob sie nachher noch zur Dorfhochzeit gehen würden. Wir interessierten uns dafür, wie es Ian Curtis und Vince Clarke ging, stattdessen wurde im Westfernsehen über solche Schwachköpfe berichtet. Als ich 1997 BBC anschaltete und das Programm für eine Sondersendung über den Tod von Diana unterbrochen worden war, dachte ich mindestens eine halbe Stunde lang, dass es eine Satiresendung war, und zwar nicht einmal, weil ich nicht glaubte, dass Diana gestorben war, sondern weil ich dachte, dass diese Sondersendung eine ungeheuer lustige Reaktion auf ihren Tod war, typisch englisch. Erst nach zwei Tagen war mir endgültig klar geworden, dass die das ernst meinten.

Unserem Schwur von der Insel der Jugend blieben wir treu und glaubten nie an Politiker.

SEX UND EINSAMKEIT

DIE ENTTÄUSCHUNG

Einmal, nachdem wir Sex hatten, fragte ich einen Liebhaber von mir: »Wie waren eigentlich die Kondome zu Ostzeiten? Waren sie alle kommunistisch? So grau? Gab es sie kostenlos? Bekam man sie statt in der Apotheke oder bei *Schlecker* vom Arzt verschrieben, so in der Klinik? Und waren sie ohne Schnickschnack, ohne Geschmacksverstärker und Überraschungen und Rippen und so? Und durftet ihr nur drei pro Woche haben? Ihr habt immer nur drei pro Woche bekommen? Bestimmt, na. In der Poliklinik? Auf Rezept? Ist es so gewesen?«

Er guckte ein bisschen verschämt. »Ich weiß es nicht«, sagte er.

Ich richtete mich im Bett auf. »Wie?«, sagte ich. »Du weißt es nicht?«

»Ich habe zu Ostzeiten nie Kondome besorgen müssen«, erklärte er.

»Ach so«, sagte ich. »Alle deine Freundinnen waren Athletinnen, die von der Stasi mit Drogen sterilisiert worden waren, damit sie schneller rennen konnten?«

»Nee«, sagte er.

»Ach so«, sagte ich. »Haben sie dann immer abgetrieben? War Abtreibung ganz normal wie heute die Pille danach? Es gab mal diesen Bischof, na, der hat gesagt, dass die Ostlerinnen immer ihre Babys im Beton ertränken, weil Abtreibung im Osten sozial akzeptiert worden ist. Natürlich spinnt er, mit dem Beton und so, aber stimmt das mit den Abtreibungen? Haben sie alle immer abgetrieben? Man konnte auf jeden Fall frei in der Öffentlichkeit drüber sprechen: Weißt du was mir passiert ist? Ich war einmal in Pankow bei einem Frauenarzt und ich musste ein Formular ausfüllen über frühere Schwangerschaften und danach ging ich zurück ins Wartezimmer. Kurz drauf kam die Arzthelferin ins Wartezimmer und fragte mich vor allen: ›Waren diese zwei Schwangerschaften, die Sie hier aufgelistet haben, waren das Abtreibungen oder Fehlgeburten?‹ Und dann musste ich sagen ›Abtreibungen‹. Und das ganze Wartezimmer voller werdender Mütter! So peinlich. Also vielleicht war die Arzthelferin eine Ossi, na, und da wurde es sozial akzeptiert, also, nicht total akzeptiert, aber es war kein Stigma, wie bei uns. Und *deswegen* musstest du keine Kondome kaufen?«

»Nee«, sagte er.

»Ach so«, sagte ich. »Haben die alle immer die Antibabypille genommen? War sie kostenlos bei euch damals? Bei uns ist sie kostenlos. War sie bei euch auch kostenlos? Haben sie das in der Schule verteilt? In England gibt es Schulen, an denen so viele Teenie-Mamas sind, dass sie überlegen, dort die Antibabypille zu verteilen. Ich denke, sie sollten sie einfach ins Trinkwasser mischen.«

»Nee, nee«, sagte er. »Du hast mich falsch verstanden. Jacinta. Hör mal zu. Ich hatte nie einen Grund, Kondome zu kaufen, zu Ostzeiten.«

»Ach so«, sagte ich. »Die Mädchen waren so emanzipiert und so, dass sie immer Kondome bei sich hatten.«

»Nee, Jacinta!«, rief er. »Ich habe erst nach der Wende meine Unschuld verloren.«

Ich schwieg für ungefähr sieben Sekunden, dann sagte ich leise: »Was?«

»Ja, damals, damals zu Ostzeiten hatte ich keine Freundin. Ich war schüchtern.«

»Was?«

»Ich war noch Jungfrau, als die Mauer fiel.«

»Was?«

»Ja, ich war schüchtern. Ich hatte Angst vor Mädchen.«

»Aber du warst doch fast zwanzig bei der Wende.«

»Ich war über zwanzig. Mann, bist du schlecht in Mathe.«

»Aber - aber - aber - aber - warum hast du deine Unschuld nicht in einem Ferienlager verloren? Ich dachte doch, ihr Ostler hättet alle eure Unschuld im Ferienlager verloren.«

Er schüttelte den Kopf und ich merkte, dass es die Wahrheit war. Er hat seine Unschuld nicht im Ferienlager verloren. Tatsächlich nicht.

In dem Buch »Anne of Green Gable's« von L. M. Montgomery gibt es eine Stelle, wo Anne Shirley davon erzählt, wie enttäuscht sie war, als sie entdeckt hatte, dass Diamanten doch nicht lilafarben sind. Ich verstand diese Enttäuschung nie richtig, bis zu jenem Moment, wo ich erfuhr, dass nicht jeder Ostler seine Unschuld im Ferienlager verloren hat.

»Aber die meisten Leute haben schon zum ersten Mal im Ferienlager gefickt, oder?«, sagte ich. »Ich meine, warum gab's die DDR überhaupt, wenn man nicht im Ferienlager seine Unschuld verlieren konnte?«

»Ja«, sagte er. »Wahrscheinlich haben die meisten Leute den Großteil ihrer Ferienlagerzeit mit Ficken verbracht. Nur ich nicht.«

»Nicht traurig werden«, sagte ich. »Du solltest ab jetzt einfach immer mit ganz vielen Ausländerinnen ficken. So, jeden Tag mit drei oder vier. Wenn du das ein paar Jahre lang gemacht hast, dann hast du es wiedergutgemacht, dass du erst im Westen deine Unschuld verloren hast.«

Ich log natürlich. Wollte ihn nur trösten. Er hätte mit jeder Ausländerin von YouPorn ficken können, inklusive Taylor Bow, und er hätte es trotzdem nie wiedergutgemacht, dass er nicht zu Ostzeiten gefickt hatte. Wie konnte so was nur passieren? Es gibt Leute, die schüchtern sind, und dann gibt es Leute, die ernsthafte psychische Störungen haben und sich unbedingt Hilfe holen sollten. Jemand, der die Chance verpasst hatte, im Ferienlager rumzuvögeln, gehört definitiv zur zweiten Kategorie.

Das wäre mir nie passiert, wenn ich im Ferienlager gewesen wäre. Also, ich hätte natürlich mitgemacht bei dem ganzen Tagesprogramm und so. Halb sieben aufstehen und im Hof versammeln, dann im Kreis aufstellen und zusammen unsere sozialistischen Liebeslieder singen – zum Beispiel das mit dem kleinen Trompeter und so. Dann sagen alle zueinander: »Seid bereit! Immer bereit!«, erst dann würden wir frühstücken dürfen. Wahrscheinlich Brei. Nach dem Frühstück würden wir den Pionierknoten üben. Dann noch ein paar weitere sozialistische Liebeslieder. Danach gingen wir rein zum Mittagessen, etwas ganz Langweiliges, Kartoffelbrei oder so was. Am Nachmittag müssten wir Ernst Thälmanns Geburtstag feiern. Und dann *stretching*. Ich denke, wir würden *stretching exercises* machen. Und dann am Abend Abendessen. Aber diesmal kein Brei, sondern Eintopf.

Wir würden nie solche lahmen Sachen machen wie in England in den Holiday Camps, also, das heißt: nie Weben oder Nähwerkstätten oder Friedenslieder am Feuer. Stattdessen wäre der ganze Tag total durchorganisiert und am Ende wären wir richtig erschöpft. Erst nach dem Abendessen dürften wir spielen, so ungefähr eine Stunde lang. Auf Bäume klettern und so. Und dann ab ins Bett.

Bis die Ferienlagererzieherinnen im Bett sind, liegen wir wach, und warten bis sie schlafen. Und dann kriechen wir raus aus dem Mädchenzimmer und schleichen durch den Korridor entlang ins Jungszimmer.

»Seid bereit«, flüstern die Mädels.

»Immer bereit«, flüstern die Jungs zurück.

Und dann verlieren alle gleichzeitig ihre Unschuld.

»Vielleicht warst du einfach im falschen Ferienlager«, sagte ich tröstend.

»Ja«, sagte mein Liebhaber. »Das wird es gewesen sein.«

Wir hätten es auch gern getan, wenn wir es gut genug gekannt hätten

Kehrseiten zählen zu den wohl ärgerlichsten Dingen im Leben. Sie vermiesen einem nicht nur das ohnehin Schlimme, sondern das Schöne noch dazu. Im Elend darf man sich nicht elendig fühlen, weil alles ja auch seine gute Seite hat, mindestens in einem spirituellen Sinne. Es ist brutal: Während man auf der Streckbank des Lebens gefoltert wird und es sich kaum noch schlimmer vorstellen kann, kommt garantiert ein Folterknecht daher und belehrt einen darüber, dass man doch mal das Gute daran sehen solle. Was kann es Schlimmeres geben? Wenn es mir schon schlecht geht, dann möchte ich den krustigen Schmutz meines Elends doch wenigstens in einer wohltemperierten Badewanne voll Selbstmitleid einweichen dürfen! Ganze Religionen wurden für in Finsternis und Hunger lebende Völker erfunden, damit die sich ja nicht einbilden, ihre Not wäre sinnlos und grausam. Genauso betrüblich sind die Kehrseiten der guten Dinge im Leben. Nichts kann man frei und unbeschwert genießen, denn wenn man erst mal die Kehrseite gesehen hat, dann wird man sich wünschen, man hätte die Finger davon gelassen usw. usf.

So hatte auch unser London eine Kehrseite und das war der Sex dort. Auch wenn es viele Dinge gab, bei denen wir uns sehnend über Londons absolute Dominanz und Brillianz freuten, der Sex dort war uns unheimlich. Denn die Londoner – so schien es uns – waren die besten Sex-Arbeiter auf der Welt. Die Stadt war voll von Fachliteratur, anstatt *Bummi, Atze* oder *Frösi* zu lesen, lasen die Londoner Kinder *Playboy*, *Penthouse* und eine Zeitschrift, die offensichtlich *Pornografie* hieß. Genau das wurde uns aber immer als das Schlimmste überhaupt dargestellt, das war der Untergang dessen, was das Zentralkomitee der SED als Menschlichkeit ansah: *Pornografie*. Es wurde uns immer gesagt: Im Westen, da gibt es Schund- und Schmutzliteratur, jugendgefährdende Comics, Hetzzeitschriften und – die Stimme senkte sich zu einem Raunen des Grauens – *Pornografie*. Wenn wir daran dachten, wie schlimm diese alten Männer Comics oder den *Spiegel* fanden, wurde uns klar, dass es sich bei *Pornografie* um die beste Zeitschrift aller Zeiten handeln musste. Doch während Comics, *Spiegel* oder *Stern* manchmal ihren Weg nach Ostdeutschland fanden, war das bei *Pornografie* oder *Cruise-Missile*-Raketen niemals der Fall, was nur bedeuten konnte, dass diese wunderbare Zeitschrift so subversiv war, dass die Stasi wirklich alles daran setzte, das Letzte gab, um deren Verbreitung zu verhindern.

Nach allem, was wir wussten, ging es in diesen Zeitschriften um Sex. Im Osten wurde Sex behandelt wie eine Unterkategorie von Körperhygiene: Zu einer gesunden Lebensführung gehörten gesundes Essen, kräftigende Gymnastik, witterungsgerechte Kleidung und regelmäßiger Sex. Es gab keine Kirche, die sich dafür interessierte, es gab überhaupt niemanden, der sich dafür sonderlich interessierte. Nicht einmal wir selbst fanden das Thema besonders interessant. Im Biologieunterricht wurden uns die Informationen über

Sex so lieblos aufgetischt wie die Portion Schlachteplatte freitags in der Schulspeisung. Klatsch auf den Teller, der Nächste bitte. Ohne die Pille führte der Sex zu Kindern, was schön war, mit Pille führte der Sex zu seelischer Ausgeglichenheit, was auch gut war. Darum gab es die Pille an jedem Zeitungskiosk, zwar konnten wir das *Magazin* dort nur mit viel Glück kaufen, aber die Pille bekam man eigentlich immer ohne Probleme. Sie kostete nichts, der einzige Nachteil war natürlich, dass die Ostpillen sehr groß und sehr hart waren, sodass viele Frauen allein deshalb fünf und mehr Kinder hatten, weil sie lieber die Kinder zur Welt als diese Tischtennisball-großen, scharfkantigen Ostpillen herunterbrachten. Den Skandal der »Teenager-Schwangerschaften« kannten wir im Osten nicht, weil kaum eine Mutter älter als siebzehn, achtzehn Jahre alt war. Das erste Kind bekamen die Mädchen meist mit vierzehn und das dritte dann vor dem zwanzigsten Geburtstag. Die Mehrzahl der Frauen hatte danach genug und schluckte eben die Pille. Wenn eine Fünfundzwanzigjährige auf der Entbindungsstation lag, strömten alle Ärzte und Medizinstudenten zusammen, um einen Blick auf das medizinische Wunder einer Spätgebärenden werfen zu können.

Wir hatten schon Sex, aber das hatte verschiedene Gründe. Keiner hatte Lust, für das Ostgeld zu arbeiten, dadurch war fast keine Kneipe nach Mitternacht auf, sogar die meisten Diskotheken machten um diese Zeit zu. Wir heizten die Wohnungen mit Braunkohlebriketts, die wir aus dunklen, unbeleuchteten Kellern nach oben schleppen mussten. Diese Briketts waren von extrem schlechter Qualität, gute Briketts wurden sofort in den Westen verkauft, und so machten wir uns beim Hochtragen und Verfeuern dieser Bruchkohlen unvorstellbar dreckig. Kein Wunder also, dass wir häufig zehn Minuten nach Mitternacht nach Hause gingen, dort eine kalte Wohnung vorfanden, lieber schnell ins Bett hüpften und dort aus Langeweile miteinander Sex hatten. Wir hätten lieber den *Spiegel* gelesen, aber den gab es ja nicht, mal ganz abgesehen von den ständigen Stromausfällen, die dazu führten, dass wir nicht einmal *Wie der Stahl gehärtet wurde* lesen konnten, was immerhin Pflichtlektüre war, aber im Unterschied zu dem, was der Titel vermuten ließe, nichts mit Sex zu tun hatte.

Aber wie wir es taten, das war schon peinlich. Wir fummelten uns die Feinrippunterwäsche von den ausgemergelten Leibern, fummelten ein bisschen herum und bald schon führte der Mann seinen Penis in die Vagina der Frau ein, beide schaukelten sich rhythmisch zu einem Orgasmus hin und das war es dann. Wenn man auf dem Lande lebte, wo die Diskos noch früher zumachten und die obligatorische Schlägerei nach der Disko wegen Krankheit ausgefallen war, dann machte man das gleiche Programm vielleicht noch einmal, aber das war es dann wirklich und ultimativ gewesen. Noch mal rein und noch mal raus, danach mussten wir spätestens schlafen, denn am nächsten Morgen fuhr uns der Traktor um 6 Uhr wieder in offenem Anhänger und strömendem Regen in die Kolchose.

In London hätten wir mit dieser Lesart von Sex keine Chance gehabt. Wir hätten ausgesehen wie ein paar Kindergartenkinder, die ihr Vaterland beim Krieg unterstützen wollen und daher mit ihren superbesten Katapulten auf dem Schlachtfeld auftauchen, wenn die Armeen gerade die Atomraketen zünden. Die Londoner lasen nämlich die *Pornografie*, das Fachblatt für die raffinierte Sexualität, die hätten uns ausgelacht. Der Penis und die Vagina spielten bei deren Art von Sexualität überhaupt keine Rolle. Die machten es mit dem Mund, der Peitsche, einem Glas voller Goldfische und einer Horde dressierter Zwergmungos. Sie hatten auch in allen möglichen Positionen und an seltsamen Orten Sex, nur niemals im Schlafzimmer, das kam erst gar nicht infrage. Was auch immer sie taten, sie taten es einbeinig balancierend auf der Küchenmaschine oder im Handstand auf dem Fensterbrett des Alkovens, aber niemals in der Matratzengruft.

Nach dem Sex rauchten sie Westzigaretten und fragten: »Na, wie war ich?« Meine Güte, wir hätten für eine Westzigarette ein ganzes Jahr auf unsere Art von Rumpelsex verzichtet. Und dann diese Frage: »Wie war ich?« Das hätten wir doch nie beantworten können. Wir waren gut im Kugelstoßen und Rudern, aber beim Sex? Was bewerteten die da gegenseitig? Wir hätten wohl die *Pornografie* lesen müssen, um das zu verstehen. Wir waren schon froh, wenn nicht einer der Sexualpartner seine Tage hatte, das war dann gut. Aber was wäre schlecht gewesen? Außerdem hatten wir im Westradio gehört, dass Feinrippunterwäsche wirklich nicht gerade das Gelbe vom Ei der Erotik sei. Augenzwinkernd der Tonfall, völliges Selbstverständnis. Wir taten so, als ob wir auch darüber lachen konnten, fragten uns aber insgeheim, was man denn sonst unter den Leinenhosen und den Filzhemden hätte tragen sollen? Es gab nur Unterwäsche (Feinripp) oder das, wovon es immer am meisten in den Geschäften gab: nichts. Ratlos schauten wir die Aktfotografien in den ostdeutschen Niveauzeitschriften an oder lasen »Denkst Du schon an Liebe?«, die Rubrik, in der Jutta Resch-Treuwerth, ich meine, allein der Name, darüber schrieb, dass eine Beziehung dann funktionieren würde, wenn man Toleranz und Großherzigkeit aufbringen würde. Hallo? Das sollte unser Ersatz für *Pornografie* sein? Das war ja wie eine Kneipe, die kein Bier mehr hatte und einem weiszumachen versuchte, das Mineralwasser würde heute echt lecker schmecken.

So oft und sehnsüchtig wir davon träumten, die Straßen von London unsicher zu machen, auf wilden Punkkonzerten unsere Seelen in den Lichterhimmel zu schreien und am Abend im Kino die im Osten verbotenen Filme zu sehen, wenn es um Sex ging, hätten wir wohl lieber einen roten Doppelstockbus nach Hause in die DDR genommen, wir hätten uns ja blamiert vor den Londonern mit unseren erigierten Penissen an Feinripp. Da hätten wir doch lieber vorher einen Jahrgang *Pornografie* in Ruhe studieren wollen.

DAMALS IN DER DISKO

Ich quatsche ein bisschen mit einem Kumpel.

»Wie war's eigentlich bei euch in der Disko, damals?«, frage ich ihn. »Habt ihr Techno gehabt?«

Er guckt ein bisschen verwirrt, dann überrascht, und dann konzentriert er sich auf die Frage, seine Augen werden klein und hart.

»Nee, nee«, sagt er. »Damals gab's kein Techno.«

»Also, was für Musik gab es dann? So Schlager? So Schlager, die von der Stasi erlaubt worden sind? Und keine amerikanische Musik oder englischsprachige? Immer nur so ostdeutsche Liebeslieder für die eigene Heimat, aber in so einem Schlagerstil?«

»Nee, nee, Jacinta. Hör auf. Lass mich nachdenken. Nee, damals gab es normale Musik. Normale Achtzigerjahre-Musik. Diskomäßige Musik.«

»Diskomäßige?«, frage ich.

»Oder? Na, so wie es sie überall gab, damals. So Pop-Musik. Disko-Musik.«

»Diana Ross?«

»Nee, nee, so Pop, so Tanzmusik. Ein bisschen Elektro. Sie spielten Pop und sie spielten Elektro. Und auch Rock. Aber es musste nicht aus Ostdeutschland sein. Also, ich habe gehört, dass es eine Regelung gab, die besagte, dass die DJs in der Disko nur vierzig Prozent ausländische Musik spielen durften. Aber daran hat sich keiner gehalten. Also in Berlin zumindest. Ich weiß natürlich nicht, wie es in der Provinz war.«

»Und was habt ihr so gemacht in der Disko?«

Jetzt guckt er sehr überrascht und verwirrt.

»Wir haben getanzt, natürlich«, sagt er.

»Ja«, sage ich. »Aber gab es Drogen?«

»Nee, nee«, sagt er. »Nee, es gab keine Drogen.«

»Aber Alkohol«, sage ich. »Alkohol war erlaubt, oder?«

»Ja«, sagt er. »Alkohol war erlaubt und ziemlich billig.«

»Und es gab kein Aids, oder? Bei euch, damals, gab es kein Aids.«

»Na ja, soweit ich weiß. Ich habe das auch mal gehört. Dass es in der DDR kein Aids gegeben hätte. So offiziell. Und soweit ich weiß, stimmt das schon. Soweit ich weiß.«

»Deswegen habt ihr so viel gefickt, oder?«, frage ich. »Weil es ein bisschen langweilig war in der Disko, ohne Drogen, und es gab sowieso kein Aids. Also habt ihr ruhig rumficken können.«

»Genau«, sagt er. »Das sagten wir immer, damals, zu Ostzeiten: ›Kein Aids, und keine Drogen, da können wir ruhig rumficken!‹«

»Ja«, sage ich.

»Obwohl ich jetzt zugeben muss, dass ich das immer nur von dir höre, dass wir angeblich so viel rumgefickt haben. Ich meine, ich war in Ostberlin, na, ich weiß nicht, wie viel man im Westen oder in Amerika oder in England rumgefickt hat ...«

»Ach, das ist eine erwiesene Tatsache, das mit den Ostlern und dem mehr rumficken«, sage ich.

»Ach ja?«

»Ja. Ich hab's in der *Bild* gelesen.«

»Ach so, na dann.«

»Also, sag mal. Habt ihr in der Disko gevögelt oder habt ihr im Schwarztaxi auf dem Weg nach Hause gevögelt?«

»Ach, das kam auf das Mädchen an. Mal so, mal so.«

»Und wahrscheinlich hat man im Schwarztaxi eine Ermäßigung bekommen, wenn man hinten gefickt hat, oder? Weil es bei euch keine Pornos gegeben hat. Ich meine, es hat keine Pornos bei euch gegeben, oder? Ich gehe davon aus, dass ihr keine Pornos gehabt habt, weil ihr kein *Dallas* und so hattet, und in den Achtzigern hatten alle Pornodarsteller *Dallas*-Frisuren. Also, wahrscheinlich hat der Schwarztaxifahrer den Jungs Rabatte gegeben, wenn im Taxi gefickt worden ist. Oder?«

»Also, das kam auch auf das Mädchen an. Wenn sie richtig hübsch war ...«

»Ach ja, aber ihr habt sowieso immer die Taxikosten geteilt, oder? Wegen Sozialismus und Emanzipation und Gleichberechtigung und allem. Oder?«

»Genau, Jacinta. So war das damals.«

»Wahrscheinlich«, sage ich, »war das so damals: Wenn ein Mädchen beim One-Night-Stand nicht 50/50 für die Taxikosten zahlen wollte, dann hat man sie an die Stasi verpetzen müssen, wegen Sozialismus und Emanzipation und Gleichberechtigung und allem. Oder? Und wahrscheinlich hieß es nicht One-Night-Stand, oder? Wahrscheinlich hieß es bei euch damals: unverbindliche Geschlechtsverkehrsituation oder so was.«

»Genau«, sagt er. »So war es. Damals. So war es damals bei uns in der Disko.«

Ein anderer Junge kommt zu mir und fragt mich etwas zur

englischen Grammatik. Ich kläre ihn auf, und dann quatschen wir über Monty Python und so. Nachdem wir fertig sind, gucke ich nach meinem Kumpel. Ach, scheiße. Der ist schon am Knutschen. Und ich wollte ihn was über Haargel fragen.

Erinnerungen an einen unbekannten Ort

London war die verdammt coolste Stadt auf dieser verdammten Welt. London war die Stadt von den Sex Pistols und von The Clash! Und die verdammt uncoolsten Bands in London waren die Rolling Stones und die Beatles. Die Rolling Stones und die Beatles, die Musik geschrieben hatten, die ältere Leute gut fanden – unsere Eltern zum Beispiel. Rolling Stones und Beatles waren die uncoolsten Bands von London! Wie verdammt cool war das eigentlich? Eine Stadt, in der die uncoolsten Leute weltberühmte Rockstars waren, zu enge Hosen trugen, verzerrte Elektrogitarren zum Frühstück aßen und mit viel zu jungen Frauen in Riesenautos durch die Gegend fuhren, das war doch wirklich unglaublich cool! Rockstars, wegen deren Musik die Mädchen damals schon gekreischt hatten, als ob es kein Morgen gäbe. Unsere Eltern spielten uns Tonbänder mit fantastischen Liveaufnahmen vor, auf denen die Band gerade mal einen einzigen Ton spielte, und schon kreischten die Frauen los, so laut, dass man keinen weiteren Ton mehr hören konnte. Wenn die Band irgendwann aufhörte zu spielen, erkannten die Frauen das vermutlich nur daran, dass sich von den Musikern keiner mehr bewegte. Akustisch konnten die das jedenfalls nicht wahrnehmen, weil sie ja selbst tausendmal mehr Lärm machten. Das lag auch daran, dass die Technik damals einfach noch nicht so weit war, wir kannten ja selbst noch die alten Radios und die Tonbandgeräte, in deren Deckel ein kleiner Monolautsprecher war. Man musste schon ganz genau hinhören, damit man überhaupt einen Ton hörte; niemand im Raum durfte sprechen. Wenn eine von diesen Rolling-Beatles-Bands ein Konzert gab, dann hatten sie vielleicht zwanzig solcher Monolautsprecher auf der Bühne, was immer noch nicht vergleichbar ist mit den Verstärkern von heute, sie konnten die kreischenden Mädchen einfach nicht übertönen. Vermutlich stehen ein paar von den Mädchen immer noch herum und kreischen auch noch dreißig Jahre später, hatten einfach vergessen, sich selbst auszuschalten, vielleicht hatte man sie mit einer Sackkarre in den Besenraum geschafft, intravenös ernährt, und wenn mal jemand nachfragte, hieß es: »Das, ach so, das ist nur die eine Tür, die immer so komisch quietscht.«

Unsere Eltern erzählten uns, dass es sogar Schlägereien gegeben hat, weil man die eine oder die andere Band besser fand. Das klang für uns so exotisch, als hätte es Schlägereien zwischen den Anhängern von Tschaikowski und Brahms gegeben, es war doch nur Musik von alten Männern für alte Menschen. Aber egal – das immerhin waren die uncoolsten Bands von London. Sie hatten Frauen, die auch unserer Meinung nach todschick aussahen. Vermutlich standen vor den Stadttoren von London Abertausende von Menschen, die endlich hineinwollten, und wenn ein alter Rockstar ein Mädchen haben wollte, dann besorgte er eine neue Innenstadtgenehmigung, ging damit zum Torwächter und sagte: »Ich darf wieder jemanden hereinlassen.« Und der Torwächter kontrollierte ganz streng das offizielle Schreiben, prüfte den Stempel und das Wasserzeichen und sagte schließlich: »In Ordnung, PeteJohn-Mick«, oder wie diese Brüder nun hießen. Dann ging Pete-JohnMick nach draußen, wo die wimmelnden Massen nach ihm schrien, ihm die Hände entgegenstreckten, ihm Kinder und Töpfe mit altem Lehm nach oben hielten, in der Hoffnung, ihn dadurch gewogen zu stimmen, denn sie kannten sich nicht aus, die wimmelnden Massen, glaubten dass Lehm in London genauso wertvoll sei, wie bei ihnen auf dem Dorf oder bei uns, aber PeteJohnMick ließ sich davon nicht aus der Ruhe bringen, schließlich kannte er dieses Geschrei von den Konzerten und suchte sich dann in aller Seelenruhe eine dünne blonde Frau um die zwanzig aus. Was gab es sonst für eine Erklärung dafür, dass in London diese unverschämt schönen, dünnen, blonden Frauen herumliefen, während wir immer nur unvorteilhaft gekleidete Ostbolzen in Bauernstiefeln zu sehen bekamen? Es musste irgendeine Form der Vorsortierung geben, die erklärte, warum es in London nur schöne Frauen gab, während bei uns davon nur wenige existierten.

Und, wie gesagt: Das alles bezieht sich auf die uncoolen, die alten Leute von London! Auf das Äquivalent von dem, was bei uns in einer bunten Kittelschürze aus Nylon rumlief, eine Schürze, die auf dem Leib der Trägerin auf unerklärliche Weise einen schmutzig-grauen Ton bekam, der wiederum perfekt korrespondierte mit den in Locken gewundenen weißgrauen Haaren, die gern von einem Netz zusammengehalten wurden. Im Regen auch von einer Art Duschhaube, einer kleinen Plastiktüte mit einem Gummiband, in die man heute seine Stullen einwickeln würde. Und das trugen sie als Hut! Statt eleganter Kreationen aus Filz und Seide zog sich die mittelalte ostdeutsche Frau Plastiktüten über die Haare! Aber vielleicht habe ich den

Hintergrund dieser Mode nie richtig durchschaut. Möglicherweise verbarg sich darin ein Signal an Interessierte: »Bezahl mir ein Hotelzimmer und dann zeige ich dir, was ich noch so mit der Tüte auf meinem Kopf machen kann.« Jedenfalls, sie trugen diese seltsamen Hüte und legten sich ein Kissen auf das Fensterbrett zum Hof – zum verdammten Hof, als ob die Straße vorn nicht schon verschlafen genug gewesen wäre, wo alle zwei Stunden eine Art Auto vorbeifuhr, nein, sie schauten zum Hof heraus – und fingen dann an, die Kinder anzuschreien, die dort spielten.

Das waren unsere uncoolen, alten Leute! Es gibt eigentlich kein Attribut, das sie passend beschreiben könnte. In London hätten sich die Rockstars bestimmt auch gern mal am Nachmittag aus dem Fenster zum Hof gelehnt, dazu aber waren sie vermutlich einfach zu bedröhnt von den ganzen Drogen, die sie zu nehmen hatten in ihrer Eigenschaft als alte Rockstars mit zu jungen Frauen. Die Haushälterinnen von ihnen kochten bestimmt zum Mittag Haschischragout mit Heroingemüse und LSD-Soße und zum Nachtisch Kokain-Kompott. Gern hätten sie mal Gulasch mit Reis gegessen, aber Drogen gehörten zum Pflichtprogramm. Sie lagen halluzinierend auf ihren Perserteppichen, während unsere alten Leute nach Kartoffeln rochen. Die Kittelschürze, die Wohnung, alles an ihnen roch nach Salzkartoffeln. Wenn sie aus dem Fenster schrien: »Ruhe, Ruhe«, dann wehte aus ihrem Mund ein kartoffeliger Wind, der sich wie Mehltau auf die Fröhlichkeit der Kinder legte.

In London wäre uns das nicht passiert. Aber wir waren ja hier eingesperrt.

BILDUNG UND VERBLÖDUNG

FANTASIE

Ich bin kein besonders unfantasievoller Mensch. Wirklich nicht besonders unfantasievoll. Sogar das Wort unfantasievoll habe ich mir selber ausgedacht. Es gibt andere negative Attribute, die eher zu mir passen: faul, selbstsüchtig, ungeduldig, sexsüchtig. Und es gibt viele Menschen auf dieser Erde, die noch weniger Fantasie haben als ich. Denke ich. Ich bin wirklich nicht soooooo unfantasievoll. Nicht besonders fantasielos. Ich habe schon ein bisschen Vorstellungskraft und so.

Zum Beispiel. Ich hab manchmal folgende Sexfantasie: In einem christlich-fundamentalistischen Staat haben Paartherapeuten die legale Erlaubnis, ungezogene Ehefrauen mit zu erziehen. Zum Beispiel. Oder: Ich habe die Vision, dass in naher Zukunft Aliens aus einer anderen Galaxis auf die Erde kommen, sich ein paar Erdlinge schnappen und sie in einem Alien-Fußball-Stadion zwingen, sich auszuziehen, um sie dann alle gleichzeitig zu waschen. Am Ende machen die Aliens mit den gekidnappten Erdlingen eine riesige Wet-T-Shirt-Competition. Und ich habe eine ganze Reihe von Fantasien, in denen ich ein verrückter Wissenschaftler bin, der Felder und Felder von genetically modified Scarlett Johannsens anbaut und dann am Ende alle entjungfert.

Besonders fantasielos bin ich nicht.

Und trotzdem fällt es mir schwer, mir vorzustellen, wie die Schulen in der DDR waren.

Einmal sagte mein Exfreund beim Frühstück zu mir: »Mein Englisch ist so schlecht. Ich schäme mich ein bisschen dafür.«

Ich sagte: »Was? Nein! Dein Englisch ist voll okay. Ihr habt ja auch kein Englisch in der Schule gehabt, oder? Nur Russisch.«

Sein Mund wurde klein und sein Gesicht wurde hart. Er sah aus wie Thomas, die Lokomotive, wenn er schlecht gelaunt ist.

»Wir hatten doch Englisch«, sagte er, richtig sauer. »Wir hatten zwei Jahre Englisch. Zwei Jahre hatten wir.«

»Ich dachte, ihr habt nur Russisch gehabt. Ich dachte, ihr habt jeden Tag in der Schule so ›Dostoprimetschatjelnostch‹ sagen müssen, hundertmal, hintereinander. Dostoprimetschatjelnostch. Dosto... oder so was.«

»Du hast keine Ahnung, wie es war«, sagte er zu mir. »Du hast keine Ahnung. Wir hatten zwei Jahre Englisch. Du hast keine Ahnung, wie das für uns war.«

»Ach so«, sagte ich. Ich wusste nicht wirklich, warum er so sauer war. Ich wollte ihn nicht beleidigen.

Außerdem hatte er recht. Ich hatte wirklich keine Ahnung, wie es gewesen war.

Vor ein paar Wochen war ich in einer Kita in Pankow und habe Kindergartenkindern Früh-Englisch beigebracht, beziehungsweise habe versucht, es ihnen beizubringen. Die Eltern sahen für mich so schön und schicki-micki, ja *trendy-wendy* aus, viele Mütter hatten diese afrikanischen Kopftücher und Rasta-Locken und so, und die Papas, sie waren einfach verdammt gut aussehend. Ich stufte diese Eltern alle als Latte-macchiato-Eltern ein.

Also, einmal hatte ich die Ausmalblätter vergessen. Die Kinder sollten einen Vogel ausmalen. Scheiße. Total doof von mir. Ich sah mich um und erblickte einen Haufen Schmierpapier in der Ecke des Zimmers. Kurz drauf gab ich jedem Kind ein Blatt Schmierpapier.

»Zeichnet einen Vogel«, sagte ich zu den Kindern.

»Wir können keine Vögel zeichnen«, sagten sie.

Ich sah sie verwirrt an.

»Okay«, sagte ich. »Dann zeichnet halt einen Hund.«

»Wir können keine Hunde zeichnen«, sagten sie.

»Ihr könnt keine Hunde zeichnen? Okay. Dann zeichnet eine Katze. Jeder Mensch kann eine Katze zeichnen. Einfach los jetzt und zeichnen!«, befahl ich, bevor sie sich noch mal beschweren konnten. Sie haben es dann getan, aber ganz viele Kinder haben total frustriert ihre Malereien unterbrochen, enttäuscht ihre Zettel zu mir gebracht und gesagt: »Siehst du, Jessie? Ich habe dir doch gesagt, dass ich keine Katze zeichnen kann.«

»Sieht doch schön aus«, sagte ich.

»Aber so sieht keine Katze aus«, sagten sie mir.

Nach dem Unterricht half mir eine der Afrikanische-Kopftüchertragende-Latte-macchiato-Mamas die Stühle wegzuräumen.

»Was ist los mit den Kindern in Deutschland?«, fragte ich sie. »Warum denken sie, dass sie nicht malen können? Ich meine, sie können wirklich nicht malen, das stimmt. Die Katzen, die sie gemalt haben, sehen wirklich nicht wie Katzen aus. Aber in England malen die Kinder genauso schlecht wie die hier, nur sie wissen es nicht. Sie sagen niemals, dass sie nicht zeichnen können.«

Die Latte-macchiato-Mama sah mich an. »Echt?«, fragte sie. »Du hast so sehr einen Unterschied bemerkt?«

»Ja«, sagte ich. »Du kannst einem Kind in England sagen: ›Zeichne mir einen Hund, oder ein Haus, oder ein Flugzeug, oder einen Hubschrauber!‹, und dann malen sie irgendwas hin auf ein Blatt Papier und dann sagen sie: ›Das ist ein Hund. Da. Ich habe einen Hund gezeichnet.‹ Nur deutsche Kinder denken, dass der Hund tatsächlich wie ein Hund aussehen muss und dass das, was sie gezeichnet haben, nicht gut genug ist, nur weil es nicht wie ein Hund aussieht. Die Kinder in England haben keine Hemmungen, sie zeichnen alles, fast alles.«

»Echt?«, fragte die Mama.

Ich sagte: »Ja. Also fast.«

Sie seufzte wehmütig.

»Du musst verstehen, Jessie, wie das zu Ostzeiten war. Du musst das verstehen. Wir mussten immer Soldaten zeichnen. Reihen und Reihen von Soldaten. Sie mussten gerade stehen. Wir mussten das mit dem Lineal machen. Sehr geradestehende Soldaten in langen Reihen. Mit dem Lineal.« »Beim Zeichnen? In Kunst? Mit dem Lineal? Soldaten? Nicht in Mathe? Ihr durftet das Lineal benutzen? Zu Ostzeiten? Im Kunstunterricht?« Meine Stimme war leise vor lauter Aufregung.

»Ja, das war so im Kunstunterricht. Die Lehrer haben uns immer kritisiert, wenn die Soldaten krumm waren. Und dann haben sie das nachgebessert.«

»Die Lehrer haben eure Bilder nachgebessert? Die Lehrer durften eure Arbeit nachbessern? Eure Kunstbilder? Mit einem Lineal? Sodass sie besser aussahen? Sie sollten gerade sein? In einer Linie? Mit einem Lineal?«

»Ja, Jessie, weil wir die Bilder aufhängen sollten. Und die

geradestehendsten Soldaten waren die besten. Und jetzt schau uns an. Wir wissen doch, was von uns erwartet wird. Wir versuchen das schon. ›Zeichne mir einen Hund! Toll sieht dein Hund aus! Zeichne mir eine Prinzessin! Benutze alle Farben, die du willst! Klar darf sie blaue Haare haben! Toll hast du das gemacht! Fein hast du das gemacht! Schön ist das geworden!‹ Wir sind neue, moderne Eltern, Jessie. Wir wissen, was wir zu sagen haben. Aber die Kinder sind nicht doof. Sie hören die Wahrheit hinter unseren Worten. Sie hören alle die geradestehenden Soldaten, die wir zeichnen sollten.«

Ich sah diese junge Mama an und kaute auf meiner Unterlippe. Ich sah sie an und dachte.

»Ihr durftet für Kunstsachen ein Lineal benutzen? Das war keine Mathe? Das war schon Kunst?«

Ich bin ganz euphorisch geworden bei dem Gedanken. Bei uns in der Grundschule, besonders in Kunst, durften wir so ziemlich alles. Das Einzige, was verboten war, war: a) einen Kuli zu benutzen, b) Bilder aus einem Bilderbuch abzupausen, und c) ein Lineal zu benutzen. Das wurde als Schummeln angesehen. Ach ja, wir durften auch nicht rennen, wenn wir eine Schere in der Hand hatten. Die Idee, dass man in Kunst ein Lineal benutzen durfte, kam mir total exotisch und glamourös vor.

Ich sah meinen sauren Freund am Frühstückstisch an. Ich wusste, dass er recht hatte. Ich hatte wirklich keine Ahnung.

Aber ich hatte schon eine Idee. Ich malte mir aus, wie mein Freund als Schulkind im Schulhof stehen musste, bestimmt in Reihe. Es gab Reihen und Reihen und Reihen von ostdeutschen Schulkindern, alle als Jungpionier gekleidet. Sie standen still und gerade und hatten ihre Pioniertücher um und sangen zusammen sehr patriotische sozialistische

Liebeslieder. Mein Freund hat richtig doll mitgesungen, der Arme. Dann kam die Direktorin. Wahrscheinlich arbeitete sie für die Stasi, dachte ich mir. Ach nee, Jacinta, vielleicht nicht, sei nicht so gemein. Ja, aber vielleicht doch. Zumindest als IM. Ja. Wahrscheinlich. Ich will ihr nichts unterstellen. Aber höchstwahrscheinlich war sie IM. Sie lief über den Schulhof und kontrollierte alle Kinder, ob sie gerade genug standen. Wenn ein Kind nicht gerade genug stand, fasste sie das Kind an der Schulter an und verbesserte seine Körperhaltung, so wie in Ballett- oder Armee-Hollywood-Filmen. Dann teilte sie Vitamintabletten aus.

»Diese Vitamintabletten kommen von der Regierung«, erklärte sie den Kindern. »So werdet ihr groß und stark und könnt später Kosmonauten werden und ins Weltall fliegen.«

»Ja!«, riefen die Kinder begeistert.

Danach gingen die Kinder rein ins Klassenzimmer. Sie saßen natürlich alle an Zweiertischen, jedes Kind blickte zum Lehrer. (Das durften wir eigentlich auch nie, außer manchmal, als special treat an einem Freitag, wenn wir in der Woche davor extra brav gewesen waren.) Die Lehrer verteilten Papier. Die Kinder mussten Tausende und Abertausende von geradestehenden ostdeutschen Soldaten zeichnen. Sie durften ihre Lineale benutzen. Nee, sie mussten ihre Lineale benutzen. Niemand redete. In der nächsten Stunde hatten sie Russisch und mussten tausendmal »Dostoprimetschatjelnostch« sagen. Wer es falsch sagte, wurde bestraft.

Ich wünschte mir, ich könnte meinen Freund fragen, wie sie bestraft wurden, aber er war irgendwie unerklärlicherweise sauer auf mich, also stellte ich mir vor, dass sie zur Direktorin geschickt wurden und zwei Stunden lang auf einem Bein stehen mussten. (Bestimmt ist es ihm ziemlich oft passiert, deswegen ist er so schnell sauer, wenn man erwähnt, dass er Russisch statt Englisch gelernt hat.) Und wenn der Schultag vorbei ist, müssen die Kinder zusammen den Schulhof putzen, bevor sie nach Hause gehen durften.

Gott, muss das geil gewesen sein. Fast so geil wie eine Wet-T-Shirt-Competition, die von Aliens in einem Fußballstadion veranstaltet wird. Wahrscheinlich.

Warum brachten sie uns nicht auch noch bei, wie man Austern isst, die gab es nämlich auch nicht

Man kann, vielleicht sollte, vielleicht muss man auch dem ostdeutschen Realsozialismus stalinistischer Prägung vieles vorwerfen, alles Mögliche, aber der radikale Funktionalismus der Sprache zählt nicht dazu. Natürlich sind die »geflügelten Jahresendfiguren« ein heute nur noch komisch wirkender Extremfall, aber welches andere Land, zumal welche Diktatur, hat jemals seine eigene Staatsform offiziell als »Diktatur« deklariert? Und wo andere Staaten das Ziel der Beschulung der minderjährigen Bürger hinter wohlklingenden Floskeln verbargen, hatte die Schulbildung in der DDR ein klar definiertes Ziel: Kinder sollten die Schulen betreten, »allseitig gebildete, sozialistische Schülerpersönlichkeiten« sollten die Schulen verlassen. Der größte Fehler des DDR-Schulsystems war es vielleicht, uns Unterricht in englischer Sprache zu erteilen.

Zunächst: Wofür sollten wir Englisch lernen? Die Länder, in denen Englisch gesprochen wurde, standen nicht auf der Liste bereisbarer Länder, schließlich wurde uns auch nicht der Umgang mit westlichen Boden-Luft-Raketen beigebracht, was auch etwas gewesen wäre, was zumindest die Jungs cool und interessant gefunden hätten, was aber dennoch nichts war, das uns in der Schule vermittelt wurde.

Wer Länder bereisen wollte, in denen Englisch gesprochen wurde, der hatte prinzipiell zwei Möglichkeiten: Entweder er tat dies, indem er sich dem Staat mit Haut und Haaren verschrieb oder indem er den Staat gänzlich verließ. In jedem Fall war das eine Entscheidung, die man erst nach Erreichen der Volljährigkeit fällen konnte. Doch was war der Sinn, von *Tower* und *Big Ben* zu erfahren, wenn es völlig klar war, dass man da vermutlich niemals hinfahren durfte, ja dass man da im Grunde auch nicht mal hinfahren wollte. Man wurde ja in der Sprache und Landeskunde eines Landes unterrichtet, das nach Darstellung der Lehrer einfach nur schrecklich war. Welch andere Schlussfolgerung konnte man da ziehen als die, dass der ganze Englisch-Unterricht letztendlich vollkommen sinnlos war, weil er sich auf eine Sprache bezog, die es nicht lohnte gesprochen zu werden in einem Land, wie es sich schrecklicher nicht auf dem Planeten fand. Eine ungeheure Dialektik wohnte diesem Plan inne, jungen Leuten beizubringen, dass der Erwerb von nicht unmittelbar anwendbarem Wissen auch einen Sinn an sich haben könnte, den Kampf um gute Zensuren für eine schlechte Sache, selbst wenn man das Wissen hinterher verwerfen müsse. Im Westen lernten sie dafür Altgriechisch, im Osten sollte es wohl Englisch sein.

Besonders bizarr war dabei, dass die Lehrer größten Wert darauf legten, dass wir das Englisch der Snobs erlernten, nicht jedoch die Sprache des englischen Proletariats. Wir hätten mit Feuereifer gelernt, wenn sie uns anständiges Cockney beigebracht hätten, aber sie ritten auf dem »th« herum, als ob es etwas Besonderes war zu lispeln. Es war kaum auszuhalten. Wir sollten die Küste Englands nie betreten, uns ihr nicht einmal nähern, aber wir sollten so sprechen, dass wir auf einem Empfang auf Nuthouse Manor von Lord und Lady Withertitty für unser »th« ein anerkennendes Augenbrauenheben geerntet hätten.

Noch wichtiger war die Entamerikanisierung unseres Englisch, denn viele hatten aus irgendwelchen Songs amerikanische Phrasen gehört, die uns nun ausgetrieben werden mussten. Wenn man gelegentlich »arse« sagte, war das nicht so schlimm, solange man es nur mit lang gezogenem englischem »a« aussprach, aber »fuck« war vollkommen verboten, es sei denn, man sprach es mit einem deutschen bzw. typisch britischen »u« aus und nicht wie den Anfang des Wortes »Fackel«. Die Unfähigkeit, etwas zu tun, sollte man unbedingt wie den deutschen Urvater der Moralphilosophie aussprechen, aber wehe man sprach es wie die englische Grafschaft aus, das gab automatisch eine Note schlechter.

Zur Unterstützung dieses Anliegens hatten sie die uncoolsten Menschen von London ausgegraben: Diane Löser, Tom und Peggy. Diese drei Vollpfosten machten gemeinsam die Fernsehsendung »English for you« mit dem doppelten Anliegen, uns Englisch beizubringen und England abspenstig zu machen. Einmal in der Woche passierte es daher, dass unsere Englischlehrerin auf quietschenden Rollen einen Fernseher auf einem Wagen ins Klassenzimmer rollte, der Klassenraumverantwortliche die Gardinen schließen musste und wir im DDR-Bildungsfernsehen Diane, Tom und Peggy begegneten. Unsere kleinen Köpfe rauchten: Denn einerseits war es natürlich unglaublich schön, mitten am Tag fernzusehen, andererseits war es nur Ostfernsehen. Einerseits war es spannend, Bilder von London und eine Sendung in englischer Sprache zu sehen, andererseits sahen wir Diane mit einer Hornbrille und Tom und Peggy mit Topfschnitten vom Feinsten, die ihnen selbst auf unserem Schulhof eine ordentliche Tracht Prügel eingetragen hätten. Einerseits war es interessant, ein bisschen Landeskunde zu lernen, andererseits waren es vor allem bestimmte Teile der Landeskunde wie Ausbeutung der Arbeiter, zu hohe Mieten, Drogensucht und so weiter. Diane, Tom und Peggy wirkten auf uns wie eine Art fünfte Kolonne, die sich in London versteckte, um vor Ort dagegen zu sein – wie eine Clique essgestörter Mädchen im besten Restaurant der Welt oder wie eine Bande impotenter Sexfeinde inmitten einer Gruppe wunderschöner, ausgehungerter Nymphomaninnen. Was wollten Diane, Tom und Peggy in London? Wenn es ihnen dort nicht gefiel, hätten sie doch in die DDR kommen können. Genau von solchen Schwachköpfen träumten die Genossen hier doch Tag und Nacht. Und wenn sie dann diesen Weg gehen wollten, sollten sie am besten gleich mit uns tauschen? So beknackt wie sie aussahen und so ernst sie ihr Gerede meinten, war es kein Wunder, wenn sie sich im Studio versteckten und Folge um Folge von »English for you« produzierten. Auf den Straßen von London waren sie nicht sicher, der Mob hätte sie bei lebendigem Leibe gefressen. Zu Recht. Uns dagegen hätte es nichts ausgemacht, mal ein paar Jahre auf Staatskosten in London zu verbringen und von dort allerlei ausgedachte Schrecklichkeiten zu berichten, während man den Rest der Zeit, sich in Scherben wälzend, auf Punkkonzerten verbracht hätte.

Dieser Englischunterricht war so idiotisch, wie nur irgendetwas sein konnte. Denn wir hatten schon ein Land, dessen Sprache wir lernen mussten und das wir nie bereisten. Es war die Sowjetunion. Niemand hatte ansatzweise Lust nach Magnitogorsk zu reisen oder sich in Nishni

Nowgorod umzusehen. Niemand zeigte besondere Energie beim Erlernen der russischen Sprache, die später kein normaler Erwachsener mehr beherrschte. Insofern hatten wir mit Russisch schon eine Sprache, die wir nach der Schule umgehend vergessen würden, warum sollten wir von dieser Art noch eine zweite erlernen? Und wir kannten auch schon ein Land, dessen Landeskunde mit der Realität nichts zu tun hatte. Wir hatten es im Heimatkundeunterricht kennengelernt und es hieß DDR. Dort hatten sie uns gesagt, wie schön es in der DDR wäre, wie liebenswert unser Land sei, wie stolz wir darauf sein müssten und wie absolut antifaschistisch alles bei uns war. In der Realität gab es keine Jeanshosen zu kaufen, in Spremberg lag der Kohlenstaub zentimeterdick auf den Verteilerkästen und wenn wir in die Diskos gingen, saßen dort Skinheads in Domestos-Jeans, die sich »Tanz den Adolf Hitler« wünschten, weil sie nichts verstanden hatten. Sicher war es eine primitive Denkfigur, die wir da zur Anwendung brachten, aber wir zogen folgenden Schluss: Wenn praktisch nichts stimmt, was uns über die DDR im Unterricht erzählt wird, dann wird auch praktisch nichts davon stimmen, was uns über England im Unterricht erzählt wird. Wenn sie also das behagliche Komfortwohnen in der DDR lobten und wir die ofenbeheizten Bruchbuden mit Außenklo im Prenzlauer Berg sahen, was konnte es dann schon bedeuten, wenn Tom, Peggy und Diane das schreckliche Wohnen in ofenbeheizten Bruchbuden in London beklagten? Doch wohl offensichtlich, dass die Menschen dort in Wahrheit ihr Leben in unglaublich schönen Luxuswohnungen verbrachten. Und wenn sie uns sagten, dass sich das Reisen in dieses schreckliche Land niemals lohnen würde, dass es für uns ein Schock wäre, der uns nur dazu brächte, sofort wieder in die DDR zurückkommen zu wollen, ein Schock, den sie uns freilich ersparen wollten, dann kannten wir solche Geschichten doch schon über Westfernsehen. Auch das Westfernsehen sollte schrecklich, verlogen, indoktrinierend, rückwärtsgewandt und allgemein schädlich sein, aber wir konnten täglich sehen, dass das nicht stimmte, und wir sahen daher auch täglich Westfernsehen. Es war besser, spritziger, unterhaltsamer und die Nachrichten einer »Tagesschau« gingen uns mehr an, als alle »Aktuellen Kameras« zusammen. Und wenn es so schädlich für uns war, warum bemerkten unsere Lehrer nicht die Schäden, die der Dauerkonsum von Westfernsehen bei uns hinterlassen hatte? Sie hätten uns doch auf die Schliche kommen müssen. Etwas einfältig waren nur die wenigen jungen Sozialisten bei uns, die wirklich kein Westfernsehen guckten. Die hatten den Schuss nicht gehört, trugen alberne Frisuren und waren weder sympathisch noch in irgendeiner Weise vertrauenswürdig. Hätten sie nicht aber mit ihren ungeschädigten Gehirnen die souveränen Führer unserer Klasse sein müssen?

Nein, der Englischunterricht war ein großer Fehler der DDR-Volksbildung, wie eine Mutter, die ihren Kindern Sexvideos zeigt, damit diese niemals solche schlimmen Dinge tun. Natürlich sagten wir »Ja, Mutter«, aber scharf waren wir trotzdem. Wir wollten nach London fahren, wir wollten uns selbst überzeugen, wie schlimm Tom, Peggy und Diane uns belogen hatten. Der erste Zug wäre uns recht gewesen, wir hätten einen Stehplatz genommen. Niemals hätte man uns mit diesem Feuer in Berührung bringen dürfen.

QUADRATISCHE WAFFELN

Meine zwei besten deutschen Freundinnen sind Katy und Jana. Katy habe ich schon beschrieben. Meine andere Freundin, Jana, ist in Marzahn groß geworden und meint immer, dass England eigentlich zur DDR gehört. Ich streite mich oft mit ihr darüber. Ich finde, dass es nicht stimmt.

Einmal habe ich für *Die Surfpoeten* eine Geschichte über meine Mama in Deutschland geschrieben. Ich schrieb sie ziemlich schnell runter, gleich nach der Arbeit, kurz bevor ich zum Auftritt losging. Innerhalb einer Stunde war sie fertig. Es ging darum, dass meine Mama eigentlich alles in Deutschland toll findet, aber jeder zweite Satz von ihr lautet entweder »Ach so, und ist das ein Erbe aus der Nazizeit?« ODER: »Und ist das ein Erbe der DDR-Zeit?« Oder manchmal: »Ist das ein Erbe der Nazizeit oder der DDR-zeit, was denkst du?« Letzteres besonders gerne sehr laut in der U-Bahn. Wirklich sehr laut. »Diese U-Bahn ist wirklich sehr sauber, Jacinta, total sauber. Findest du sie nicht auch super sauber? Was denkst du, ist das ein Erbe der Nazis oder der DDR? Was denkst du?« – »Ich denke, du solltest leiser sprechen!«

»Ich frage ja nur. Darf ich nicht fragen? Ich darf doch fragen, oder? Ich denke, es ist ein Erbe der DDR-Zeit, ehrlich gesagt. Ich meine, natürlich, die Nazis wollten es in Deutschland sauber haben, aber das ist lange her. Und wahrscheinlich hat die DDR-Regierung so viel Geld in die U-Bahn-Infrastruktur investiert, weil sie so schlechte Autos hatten, oder? So Skodas hatten sie. Kleine Skodas. Und das nur, wenn man bei der Stasi war. Und selbst dann mussten sie zwanzig Jahre warten. Da ist es natürlich praktischer, mit der U-Bahn zu fahren. Also sie haben Geld ohne Ende da reingesteckt, deswegen hatten sie auch alle Arbeit, sie hatten Vollbeschäftigung in der DDR? So was schafft man nicht mehr im Kapitalismus. Also: Viele Mitarbeiter waren bei der U-Bahn angestellt, es gab viele, viele U-Bahn-Mitarbeiter. Nach dem Fall der Mauer hat es sich dann nicht gelohnt, alle Mitarbeiter zu feuern, und deswegen hatten sie plötzlich zu viele Mitarbeiter. Und was tun sie mit den Mitarbeitern? Sie schicken sie putzen. Ich habe nie in meinem Leben so eine saubere U-Bahn gesehen, Jacinta. Ich könnte hier mein Abendessen vom Boden essen. Wahrscheinlich sind die überflüssigen Mitarbeiter, die sie putzen schicken, sehr fleißig. Warum gibt es keine Werbeplakate hier drinnen?«

»Da gibt es zwei!«, ich zeigte in Richtung Tür.

»Ja, aber komm schon, Jacinta. Ich meine, warum haben sie nicht mehr Plakate hier? Du weißt, wie das in der Tube ist. Jeder Zentimeter ist da mit irgendwelchen Werbeplakaten beklebt. Das ist garantiert auch ein Erbe der DDR. Ist doch super. Ich liebe die Berliner U-Bahn! So billig und so sauber und keine Werbung – das ist alles eine Erbschaft der DDR-Zeit. Man könnte verlockt werden zu denken, die Kommunisten haben den kalten Krieg im Grunde doch gewonnen. Und so pünktlich! Aber du weißt schon, Jacinta, das ist eher so eine Erbschaft der N–.«

»MUM!«, rief ich. »Höre auf, alles in Deutschland als das Erbe der Nazis oder der DDR anzusehen. Dass die Züge so pünktlich kommen, hat nix mit der Nazizeit zu tun.« Ich redete jetzt leise. »Das liegt an den deutschen Genen.«

So war meine Mama in Deutschland.

Wie sie gestaunt hat, als wir uns im Restaurant selbst entscheiden durften, wo wir sitzen. Nichts mit: auf den Kellner warten, der dir einen Tisch zuweist! So ist das in England. Aber hier: nee. Hier darfst du sitzen, wo du magst. Musst nicht mal auf einen Kellner warten. Einfach hinsetzen, wo du Bock hast. Meine Mama war echt begeistert.

»Oooooooooh! Das ist auf jeden Fall ein Erbe der DDR«, sagte sie mir, als ich uns einen Platz am Fenster ausgesucht habe. »Wenn alle gleich sind, dann ist es egal wo du dich hinsetzt. Wahrscheinlich hat sogar Honecker manchmal bei den Toiletten gesessen. Kannst du den Kellner fragen, ob das Gebäude hier schon in der Nazizeit ein Restaurant war? Mich würde es interessieren.«

So ungefähr erzählte ich das damals in der Geschichte. Ich habe sie zweimal vorgelesen, einmal bei den *Surfpoeten* und in der darauffolgenden Woche in der *Lesedüne* von Marc-Uwe Kling und Sebastian Lehmann, in Kreuzberg. Bei den *Surfpoeten* haben die Leute sie gemocht und bei der *Lesedüne* gar nicht.

»Hier mochten sie meine Geschichte über meine Mama in Deutschland gar nicht. Sie haben gar nicht gelacht«, beschwerte ich mich divenmäßig bei meiner Freundin Jana aus Marzahn, die immer denkt, dass England zur DDR gehört. »Bei den *Surfpoeten* haben sie sie super gefunden.«

»Ach«, sagte sie. »Ich weiß warum. Das sind hier alles Zugezogene. Bei den *Surfpoeten* fanden alle sie so lustig, weil sie wussten, wie lange wir im Osten in den Restaurants immer warten mussten. Genau wie bei euch in England. Und deine Mama denkt, nicht warten ist kommunistisch. Deswegen war's lustig.«

»Ihr musstet warten? Wie in England?«

»Ja«, sagte meine Freundin. »Ich sage dir, Jacinta, England gehört doch zur DDR. Ich denke das jedes Mal, wenn ich Manchester besuche. Diese kleinen schlecht gebauten Häuschen und so. Und wie ihr immer nach der Arbeit alle in dieselbe Kneipe geht – die Arbeiter und die Studenten, und die Büroangestellten, alle zusammen.«

»Ihr musstet warten, bis ein Kellner euch zu eurem Tisch bringt?«, fragte ich schockiert. »So wie in England? Echt, ja?«

»Also, eigentlich mussten wir erst mal warten, ob überhaupt ein Tisch frei war. Es war so wie im *Café Morgenland* in der Skalitzer Straße an einem Sonntag. Aber ohne die sonnengetrockneten Tomaten und die Avocadocreme.«

»Ach, so, ihr hattet keine sonnengetrockneten Tomaten und Avocadocreme?«

»Nee, wir hatten eigentlich nix, was gut schmeckt.«

»Ach so«, sagte ich und dachte nach. Dann fiel mir was ein.

»Warte mal, wir hatten in den Achtzigern auch keine sonnengetrockneten Tomaten oder Avocadocreme! Das kam erst in den späten Neunzigern auf! Als die Leute anfingen, Pesto statt Tomatensoße auf ihre Nudeln zu machen, und Balsamico-Essig zu benutzen statt Salatmayonnaise. Avocadocreme gab's nicht in den Achtzigern.«

»Echt nicht?«

»Nee.«

»Ich glaube, die im Westen hatten schon in den Achtzigern Avocadocreme«, sagte meine Freundin.

»Quatsch«, sagte ich. »Niemand hat Avocadocreme in den Achtzigern gegessen. Sie war noch nicht erfunden worden. Nicht mal in –«, ich versuchte nachzudenken, aus welchem exotischen Land Avocadocreme eigentlich herkam, »nicht mal in Afrika oder Indonesien oder Spanien haben sie damals Avocadocreme gegessen. Erst nachdem *Friends* im Fernsehen lief, gab's Avocadocreme. In den Achtzigern gab's nur *Prawn Cocktail Sauce* und *Thousand Island Dressing.*«

»Bei uns nicht«, sagte sie.

»Ach ja. Aber bei euch gab's ja auch keine Bananen. Da sollte man sich nicht wegen Thousand Island Dressing aufregen. Schmeckte außerdem voll scheiße.«

Meine Freundin ließ sich ein bisschen von diesem Gedanken trösten.

»Und ihr musstet immer Minzsoße auf euren Lammbraten schmieren. Das muss auch richtig kacke geschmeckt haben. Ihr Armen.«

Ein großes Problem für Engländer, die in Deutschland wohnen, ist, dass die Deutschen, die mit ihnen befreundet sein wollen, oft komplizierte Anglophile sind, die England nur lieben, weil sie Deutschland scheiße finden. Aber eigentlich lieben sie England dann doch gar nicht so sehr, sondern denken, dass die Wände zu dünn sind und dass Lamm mit Minzsoße scheiße schmeckt. Meine Freundin Jana gehört zu dieser Gruppe. Noch anstrengender sind nur noch die Ostler, die Anglophile sind, weil sie Ostdeutschland scheiße finden. Dazu gehört auf jeden Fall meine Freundin Katy.

Katys Sohn geht in dieselbe Klasse auf der Internationalen Schule wie mein Sohn Ryan. *Berlin Kids International* – ein bescheuerter Name, ich geb's zu, aber das soll jetzt auch geändert werden.

Gestern, nachdem wir die Kinder zur Schule gebracht hatten, sind wir kurz in ein Café eine Latte macchiato trinken gegangen.

Auf dem Weg sahen wir dieses Poster: »Kultur ist GREAT Britain.« Mich überkam eine Welle von Hass.

»Ich entschuldige mich für diese schlimme Werbung. Ich hasse das. Ich schäme mich dafür. Ich weiß nicht, warum sie das gemacht haben. Ich weiß nicht, vielleicht wollen sie, dass mehr britische Muslime zu al-Qaida rübergehen oder so was. Vielleicht hat al-Qaida inzwischen die britische Tourismusbranche infiltriert.«

»Was?«, fragte Katy.

»Na, diese Werbeplakate mit ›Kultur ist GREAT Britain‹ und ›Natur ist GREAT Britain‹ und so. Ich entschuldige mich dafür. Sie sind schrecklich.«

Katy guckte verwirrt.

»Sie sind doch lustig«, sagte sie. »Das ist so ein Wortspiel zwischen toll und groß, weißt du? Great kann beides heißen. Sie sind total süß, diese Werbeplakate. Immer wenn ich sie sehe, will ich sofort einen Flug nach London buchen.«

Ich sagte nichts. FUCK, dachte ich. Ich werde diese Menschen nie verstehen.

Also, die Schule, in die mein Sohn geht, die Berlin Kids International School, muss umbenannt werden.

Da die Leute, die die Schule leiten, ziemlich bescheuert sind, haben sie beschlossen, den Kids ein Mitspracherecht zu geben, wie die Schule zukünftig heißen soll.

In jeder Klasse hatten also die Kinder eine Stimme und die Eltern eine Stimme. Ryans erste Wahl fiel auf *Hogwarts*, seine zweite auf *Ryans und Fynns's Jedi Training Academy (Mit Sascha und Lea)*. Sein drittliebster Name wäre gewesen: *The Best School (I am cool)*.

»Es kann sein, dass deine Vorschläge nicht akzeptiert werden, Ryan«, sagte ich.

»Ja, ich weiß«, sagte er.

»›Ryan und Fynns Jedi Training Academy (Mit Sascha und Lea)‹ ist ein bisschen lang, oder Mama?«

»Ein bisschen.«

Jetzt im Café redete meine Freundin Katy die ganze Zeit auf mich ein, dass die Schule nicht *Rosa Luxemburg International School* heißen darf. Dazu muss man wissen, dass das Schulhaus nur ein paar Meter entfernt von dem Ort ist, an dem Rosa Luxemburg getötet wurde. Es gibt manche Eltern in der Klasse, die wollen deshalb die Schule nach Rosa Luxemburg benennen. Ich habe auch für diesen Vorschlag gestimmt. Aber die, die gegen den Namen sind, sind richtig dagegen. Katy versuchte mit allen Mitteln, mich dazu zu bringen, meine Stimme zurückzunehmen.

»Verstehst du wie das war im Osten, Jacinta? Wir wurden total unterdrückt. Wenn wir die Schule Rosa Luxemburg nennen, ist das, als würden wir im Nachhinein noch diese Unterdrückung sanktionieren. Ganz abgesehen davon, dass wir ganz viele amerikanische Eltern abschrecken werden, glaub mir.«

»Glaube ich nicht«, sagte ich. »Die meisten Amerikaner wissen nicht mal, wer die Frau überhaupt war.«

»Sie werden denken, dass wir den Kommunismus gut finden. Wenn dieser Name gewinnt, werde ich Leonora aus der Schule eventuell rausnehmen müssen.«

»Aber der Kommunismus war noch nicht so schlimm, als Rosa Luxemburg gestorben ist«, sagte ich. »Oder bin ich doof? Ich kenne mich in Geschichte nicht so gut aus. Aber damals gab es die Stasi noch nicht. Und der Name klingt schön. Ich will meine Stimme nicht zurückziehen, Katy.«

Katy sah so sehr enttäuscht aus, dass ich sie trösten wollte.

»Wie war noch mal dein Vorschlag?«, fragte ich.

»Share«, sagte sie.

»Cher?«, fragte ich entsetzt. »Wie die Popsängerin? *Gypsies Tramps and Thieves? I'm strong enough to live without you*! Sonny und Cher? Die ist doch noch nicht tot! Die berühmten Menschen müssen schon tot sein, bevor ihnen eine deutsche Schule gewidmet wird! Oder?«

»Das stimmt nicht«, sagte Katy. »Aber ich meinte ›Share‹. Das englische Wort für Teilen. Share.«

Ich sagte nichts. Ich schwieg ein paar Sekunden lang und sah sie dabei schockiert und ungläubig an. Dann sagte ich: »Du willst die Schule ›Share‹ nennen? Wie das englische Wort für ›Teilen‹?«

»Findest du es nicht gut?«, Katy seufzte deprimiert. »Es hat auch keine weiteren Stimmen bekommen.«

»Hmmmn«, sagte ich. »Also, ich finde es besser als *Ryan und Fynns Jedi Training Academy (Mit Sascha und Lea).* Aber nur knapp. Nur zwei bis drei Prozent besser. Und das auch nur wegen der Klammern. Wenn die Klammern nicht wären, fände ich Ryans Vorschlag besser.«

»Jacinta! *Share* klingt richtig international und modern und weltoffen und so.«

Ich nickte. Gott, es muss richtig schlimm gewesen sein in der DDR, dachte ich, wenn dort Leute produziert wurden, die ernsthaft den Namen ›Share‹ für eine Schule gut finden und die einen Flug nach London buchen wollen, wenn sie ein Werbeplakat »Kultur ist GREAT« sehen. Die arme Katy muss einen richtigen Schaden davongetragen haben.

Katy schüttelte den Kopf und versuchte das Thema zu wechseln.

»Nächste Woche werde ich eine Waffelparty machen«, sagte Katy. »Ich lade ein paar Kinder ein. Ryan lade ich natürlich auch ein. Und du kommst auch, oder?«

»Ja«, sagte ich. »Wir kommen auf jeden Fall.«

Ich merkte, dass Katy noch sauer war wegen des Schulnamens.

»Rosa Luxemburg wird bestimmt nicht gewinnen«, tröstete ich sie.

»Wir hatten keine runden Waffeln«, sagte sie leise und wütend. »Im Osten. Es gab nur quadratische Waffeln. Wir sahen im Westfernsehen immer diese runden, süßen Waffeln. Und wir hatten immer nur quadratische! Ich habe meine Mama angebettelt: ›Wann kriege ich endlich eine runde Waffel?‹ Und jetzt schicke ich meine Tochter auf die Internationale Schule, und ihr bescheuerten Engländer wollt ausgerechnet diese Schule ins Ostdeutsche umbenennen, weil ihr keine Ahnung davon habt, wie schlimm das alles gewesen ist.«

Ich gab der Kellnerin ein Zeichen, dass wir zahlen wollten. Ich lächelte Katy an. Ich mag sie einfach am meisten, wenn sie auf mich sauer ist, weil ich keine Ahnung habe, wie schlimm es im Osten war.

»Wir hatten auch quadratische Waffeln«, sagte ich. Dann fiel mir plötzlich ein: »Warte mal! Es gibt in England auch heute noch nur quadratische Waffeln! Weißt du was, Katy? Ich denke, vielleicht gehört England doch zur DDR.«

Aber ich werde das Jana gegenüber nie eingestehen.

Das Leben brachte uns auch ohne den Unterricht schon genügend bei, das wir lieber nicht gewusst hätten

Die Schulen unserer Kindheit standen wie seltsame Tempel auf sozialistischen Brachen. Während in der Kaiserzeit Postämter, Kirchen und auch Schulen als Bestandteile des allgemeinen Lebens noch architektonisch in die Wohnviertel integriert worden waren, wurden die Ostschulen in Fertigbauweise auf den Freiflächen errichtet, die die alliierten Bomber im letzten Weltkrieg produziert hatten und die seither nicht bebaut worden waren. Die Wachstumskraft des sozialistischen Frühlings, der sich immer wie ein Herbst anfühlte, war einfach zu schwach. Lieber baute man damals in den Marzahner Sümpfen neue Wohnviertel, als dass man die Bauarbeiter noch einmal in die Hauptstadt ließ, in der sie am berühmten 17. Juni schon genug Schaden angerichtet hatten. Außerdem hatte die Bauweise auf leeren Planquadraten den Vorteil, dass die Errichtung der Neubauten unter Ausschluss der Öffentlichkeit geschah. Wer wäre sonst in ein Haus gezogen, wenn er gesehen hatte, dass dessen Tiefbauer gleichgültig und dessen Hochbauer schlampig gearbeitet hatten, dass dessen Installateure unfähig und dessen Elektriker lebensmüde waren, mal ganz abgesehen von dem Umstand, dass sie alle, alle immer dauerbesoffen bei der Arbeit gewesen waren und jeder von ihnen alles klaute, was von irgendeinem Wert war. Die sozialistischen Prachtbauten bestanden per definitionem aus Teilen, die zu wertlos zum Stehlen gewesen waren.

So sahen sie aus, unsere Schulen: lieblos zusammengeschusterte Betonhaufen, durch die der Wind pfiff, deren Fenster das Zen-buddhistische Kunststück vollbrachten, weder richtig zu öffnen noch richtig zu schließen, und deren Türen, so es sie gab, so fest saßen, wie man sich das für die Wände erträumt hätte. Wir saßen an Sperrholztischen und die Lehrerinnen waren stets besorgt, dass wir uns keine Splitter einzogen. »Splitterdiebstahl« war ein schlimmes Vergehen, das einen sofortigen Tadel zur Folge hatte und bei Wiederholung mit einem Schulverweis geahndet wurde. Man fürchtete, dass wir die Splitter in unseren Handinnenflächen und Hosenböden mit nach Hause nehmen würden, um dort wenigstens ein bisschen Feuer in unseren eiskalten Öfen zu entfachen, und außerdem war klar, dass das Mobiliar nicht lange halten würde, wenn jeder Schüler jeden Tag einen oder mehrere Splitter mitnahm. Aus dem Westen hörten wir vom Kippeln, das es bei uns nicht gab, denn um zu kippeln hätte es eine Ruheposition der Stühle geben müssen, aus der man diese durch die Verschiebung seines Körpers hätte bringen können. Aber die primitiv zusammengeschusterten Zufallsprodukte mit kleinen horizontalen Linien, die Stühle genannt wurden, konnten nicht mit solchem Luxus aufwarten. Wir schrieben mit verkohlten Holzstöcken auf den gegerbten Fellen toter Katzen, später im Abitur bekamen die Besten ihr eigenes Stückchen Braunkohle zum Schreiben. Allabendlich mussten unsere Eltern die Felle wieder sauber gerben, es blieb ihnen natürlich keine andere Wahl, als dies in ihren Mundhöhlen zu tun, durch langsames Kauen und das Vermengen mit der Säure vom Sodbrand (Rübensuppe!), mit dem Fell. Wehe am nächsten Morgen war das Fell nicht wieder bereit und sauber! Dann mussten wir für einen Tag in der Schulkantine helfen, den Pansen für die Mittagssuppe kleinzuschneiden und die Kohlstrünke mit altem Tee zu überbrühen und jede halbe Stunde zu kontrollieren, ob eine der Mitarbeiterinnen versuchte, ihrem Schicksal in einem der Gasöfen ein gnädiges Ende zu bereiten.

Fest und unzerbrechlich war in unseren Schulen nur die Verbundenheit des Lehrkörpers mit dem Sozialismus und seiner Partei. Wir lernten die Geschichte aus der Perspektive des Marxismus kennen, aber wir lernten auch Komponisten wie Bach und Mendelssohn als Kämpfer für die Sache des Kommunismus kennen, die Schwerkraft als tschekistische Kraft gegen den Imperialismus und die Galaxien als Ausdruck des Verlangens des Kosmos nach der Herrschaft des Proletariats. Es war sozialistische Pflicht, die Fenster in diesen Gemäuern mit Scherenschnitten über den Sieg des Sozialismus zuzukleben. Ob damit die brüchigen Scheiben gehalten wurden oder wir von der Tatsache abgelenkt werden sollten, dass unser uns über alles liebendes sozialistisches Vaterland niemals die Fenster seiner Schulen putzen ließ, blieb offen. Doch wenn die Sonne, die gelegentlich auch in der DDR schien, weil sie es nicht besser wusste und weil die geniale Planungskraft des Zentralkomitees nicht auch noch dieses zu verhindern wusste, durch unsere Fenster zu scheinen versuchte, dann machten die Scherenschnitte auf unseren Schulbänken Schatten wie von vergitterten Fenstern, und das war ja auch genau das Gefühl und das Problem, das wir hatten: Wir waren in einem Gefängnis. Und zwar in einem Gefängnis innerhalb des Gefängnisses, das DDR hieß. Wir waren gewissermaßen im Hochsicherheitstrakt untergebracht unter Daueraufsicht schlecht gelaunter Wärterinnen und Wärter.

Wie hätten wir da nicht von den Schulen in London träumen sollen? Dunkle, coole Schulen, die die Schüler mit bunten Graffiti verzieren durften, mit Spraydosen, die ihnen im Sekretariat zur Verfügung gestellt wurden. Schulen, in denen Cola-Automaten auf jeder Etage standen. Schulen, in denen Sprachunterricht ausschließlich auf der Basis von Comics und Trickfilmen vermittelt wurde. Schulen mit so coolen Fächern wie »Richtig rauchen – von Pustebacke auf Lunge in nur vier Wochen« und in denen man im Sportunterricht lernte, wie man sich in Scherben wälzte, ohne allzu große Verletzungen zu erleiden. Schulen, in denen täglich Frittiertes in der Mittagspause serviert wurde. Schulen mit bequemen Sesseln und Lounges, in denen sich die Lehrer eher als Kumpels verstanden und nachmittags die Gitarre in die Hand nahmen, um mit ihrer Band alter Männer gemeinsam »Hey, teacher, leave us kids alone« zu singen. Schulen, in denen Sid Vicious Musikunterricht erteilte, jedes Jahr ein Akkord, drei Jahre lang, und zum Schluss bekam jeder eine Eins, der den Lehrer bespuckt hatte. Schulen schließlich, in denen Professor Dury das Lieblingsfach aller unterrichtete: »Sex and Drugs and Rock 'n' Roll«. Schulen, wo es keinen Unterrichtsbeginn gab, sondern lediglich die unverbindliche Ansage, doch so gegen neun zu erscheinen, falls man Bock habe, und natürlich nicht, wenn man am Abend zuvor feiern gewesen wäre, weil dann solle man um Himmels willen erst mal in Ruhe ausschlafen. Klar, an so eine Schule wären wir auch gern gegangen, aber wir waren ja hier gefangen.

FREIZEIT UND STRESS

BEI DEN PIONIEREN

»Ich bin neidisch auf euch wegen zwei Dingen«, sage ich einem Bekannten.

»Wenn du ›auf euch‹ sagst, was meinst du genau damit?«, fragt er. »Auf alle Männer? Auf alle Deutschen? Auf alle Menschen, die Brille tragen?«

»Ich trage auch eine Brille«, bemerke ich.

»Also, was meinst du mit ›auf euch‹?«

»Na ja, auf euch Ostler natürlich«, sage ich.

Jetzt schaut er ein bisschen skeptisch.

»Manchmal mache ich mir richtig Sorgen um dich, Jacinta«, sagt er. »Manchmal denke ich, du brauchst eine Therapie oder so was. Echt. Du brauchst echt eine Therapie. Du bist doch krankenversichert, oder? Hast du jemals darüber nachgedacht, eine Psychotherapie zu machen?«

»Ich bin zu klug, um eine Psychotherapie zu machen«, erkläre ich. »Immer, wenn ich eine Psychotherapie mache, bemerke ich, dass ich viel klüger als die Therapeutin bin, und dann fange ich an, sie anzulügen. Willst du nicht wissen, worauf ich neidisch bin?«

»Doch, sag mal.«

»Auf die Ferienlager.«

»Schon klar.«

»Und auf die Zeit als Jungpionier. Das muss so geil gewesen sein bei den Jungpionieren. Mit diesen süßen blauen Halstüchern. Die sind so süß gewesen. Ich bin so neidisch auf eure süßen Halstücher. Und dann diese *secret handshakes* auf euren Köpfen, wie Hahnenkämme, oder? Ihr solltet wie Hähne aussehen. Weil die immer so früh aufstehen, sind sie auch ›Immer bereit‹. Oder? Bei uns waren alle die pioniermäßigen Sachen voll scheiße. Voll. Die *Brownies* zum Beispiel. Ich bin rausgeschmissen worden aus den *Brownies*. Aber sie waren total schwul, die *Brownies*.«

»Heutzutage sollte man das Wort ›schwul‹ nicht mehr als Beleidigung benutzen. Was heißt das überhaupt, ›*Brownies*‹?«

»Ach, Entschuldigung, ich meinte nicht ›schwul‹, ich meinte doch ›muschihaft‹. Sie waren voll muschihaft. Das darf man noch sagen, oder? *Brownies*, das sind diese amerikanischen Kuchen, oder es sind Feen. Wir waren nach den Feen benannt worden, glaube ich. Ich sag dir doch, dass es voll schw...muschihaft war. Und weißt du, wie die Leiterin hieß?«

»Nee, das weiß ich nicht.«

»Sie war die Brown Owl! Brown Owl. So ein Scheiß. Die *Brownies* waren so scheiße. Voll scheiße.«

»Ach so. Alle die Leiterinnen, sie werden immer ›Brown Owl‹ genannt. Hmmmn. Und warum wurdest du rausgeschmissen?«

»Oh. Ich habe einmal ›fuck off‹ zur Brown Owl gesagt. Und dann wurde ich rausgeschmissen. Bevor ich rausgeschmissen worden bin, fand ich es nicht so total scheiße. Es war zwar ohne Jungs, das gefiel mir nicht. Und wir mussten beten, das fand ich langweilig. Aber Marschieren, das liebte ich. Und dann gab es Spiele und so, und es ging oft um Kochen und Backen und Nähen und alte Frauen über die

Straße bringen. Als ich *Brownie* war, habe ich ständig alte Frauen ausgesucht, um sie über die Straße zu begleiten. Und dann mussten wir Geld sammeln, für die armen Kinder in Afrika und in den Waisenhäusern in Osteuropa. Ich meine, im echten Osteuropa. Nicht bei euch. Aber die Brown Owl hat mich wegen meines Hemds kritisiert – es war nicht gebügelt – Gott, waren sie hässlich, diese Hemden, braun mit orange – und da sagte ich zu ihr: ›Fuck off.‹ Und als meine Mama dann gekommen ist, um mich abzuholen, hat die Brown Owl sie darum gebeten, dass ich nicht mehr kommen solle.

»Warst du traurig?«

»Ach nee. Ich wollte sowieso austreten, glaube ich. Es hatte schon einen kleinen Exodus gegeben. Die meisten Mädchen in meiner Klasse waren schon vorher zur *Girls Brigade* gewechselt.«

»*Girls Brigade*? Was war das?«

»Also pass auf jetzt. Es gibt Pfadfinder für Jungs – die *Boy Scouts* – und Pfadfinder für Mädchen – die *Girl Guides*. Aber bevor du alt genug dafür bist, gibt es für die Jungs *Beavers* und *Cubs* – so Biber und Löwenjungen, ja – und für die Mädels *Rainbows* und *Brownies*. Kannst du mir folgen? Was ein bisschen unfair war, war, dass die *Cubs* viel mehr Spaß hatten als die *Brownies*. Sie liefen ständig in Wäldern, auf Feldern und Wiesen herum und so. Okay? Aber es gab auch eine Hardcore-Version von *Cubs* und *Brownies*. Sie hießen *Boys Brigade* und *Girls Brigade*. Das war voll hardcore, echt. Bei der *Girls Brigade* wurde nur gebetet und marschiert. Nix anderes. Es war viel christlicher als bei den *Brownies*. Aber, weißt du, bei uns in England machen alle Kinder mit bei solchen christlichen Sachen, egal, was ihre Eltern sind: Kommunisten, Muslime, Sikhs. Deine Eltern lachen über dich, aber du machst halt trotzdem mit. Wir haben eine halbe Stunde gebetet, es war echt voll langweilig. Aber hinterher sind wir zwei Stunden lang am Stück marschiert. Wir waren echt erschöpft, als wir nach Hause kamen. Ich war ein Jahr lang bei der *Girls Brigade*. Und danach bin ich ein *Badger* geworden.«

»Was für'n Ding?«

»Ein *Badger*. Das heißt auf Deutsch: Dachs. Bei den *Badgers* waren Jungs dabei, das hat mir gefallen, mein Kumpel Omar hat auch mitgemacht. Da sind wir marschiert und haben Erste Hilfe gelernt. Ich bin mal vier Wochen lang die ›Erste Helferin der Woche‹ gewesen.«

»Wow. Ihr seid freiwillig ganz viel marschiert? Hätte ich nicht gedacht.«

»Also, ich war zwei Jahre bei den *Badgers*. Aber nach den Badgers bin ich zu *Woodcraft Folk* gegangen. Das gibt es hier auch.«

Mein Bekannter guckt skeptisch.

»Echt?«

»Ja, Falken oder so heißen sie hier. Ja, *Woodcraft Folk* – das sind Pfadfinder für Ökofreaks. Da gab es auch Jungs. Aber kein Beten und kein Marschieren. Ich kann mich kaum daran erinnern, was wir da eigentlich gemacht haben. Ach ja, ich erinnere mich. Man bekam immer ›Badges‹, wenn man Sachen recycelt hatte. Bei den *Brownies* hat man ›Badges‹ bekommen, wenn man Geld für Afrika gesammelt hatte, und bei *Woodcraft Folk* waren es Spülmittelflaschen, die man sammeln sollte. Und meine Mutter musste dann diese ›Badges‹ ans Hemd nähen. Die Hemden waren grün und echt cool. Einmal, mir fehlten nur noch drei Spülmittelflaschen, um das ›Badge‹ zu bekommen. Meine Tante hatte welche für mich aufbewahrt – und meine Mama sagte ihr, dass sie sie mir nicht geben solle, weil meine Mama sich die Arbeit des Nähens ersparen wollte. Meine Mama war manchmal eine echt faule Schlampe, eh.«

»Und bei euch in England gibt es so viele pfadfindermäßige Möglichkeiten? Du hast mir gerade eben ungefähr tausend verschiedene Gruppen beschrieben. Bei uns gab es nur die Jungpioniere und dann die Thälmann-Pioniere. Ihr habt echt freie Marktwirtschaft gehabt. Und du hast ziemlich alles ausprobiert, oder?«

»Aber ich wäre viel lieber Jungpionierin gewesen! Mit den süßen Halstüchern. Und immer Ernst Thälmann's Geburtstag feiern. Ich hätte ihm einen Kuchen gebacken und alles. Habt ihr Luftballons gehabt? Hat man überhaupt zu Ostzeiten Luftballons gehabt? Hat es sich manchmal ein bisschen doof angefühlt, den Geburtstag von jemandem zu feiern, der gar nicht da war. Obwohl ... die Abwesenheit von Jesus stört mich auch nicht beim Saufen zu Weihnachten. Und ihr hattet Pionierausweise, oder? Ich habe das im DDR-Museum gesehen. Und ihr hattet Gebote, oder? Mein Ex hat sie mir mal aufgesagt. Wir hatten bei den *Brownies* eigentlich auch Gebote, aber ich kann mich absolut nicht mehr an sie erinnern. Und im *Brownies*-Jahrbuch, ja, da haben sie mal geschrieben, dass wir nur sieben bis acht Stunden Schlaf pro Nacht benötigen würden. Ich finde das voll wenig. Ich habe es immer wenig gefunden. Ich dachte immer: Du sollst jetzt aufstehen, Jacinta, du hast deine sieben bis acht Stunden Schlaf gehabt, die du benötigst, um gesund zu sein! Sogar nachdem ich aus den *Brownies* rausgeschmissen worden war, glaubte ich an ihre Ratschläge über Schlafbedürfnisse. Aber heutzutage sagt man, dass die Kinder viel mehr Schlaf brauchen als acht Stunden. Wahrscheinlich war es die Schuld von der Thatcher. Sie hat immer nur vier Stunden pro Nacht geschlafen, die herzlose Zicke. Man braucht nicht viel Schlaf, wenn man ein Roboter mit Roboterherz ist. Ihr hattet eine richtige Uniform, oder? Nicht nur das Halstuch. Und ihr durftet in der Schule eure Pionieruniform tragen. Das muss so schön gewesen sein! Wir durften das nicht, natürlich. Das war Freizeit, in der Schule mussten wir immer Schuluniform tragen. Aber du hättest die *Girls-Brigade*-Uniform sehen sollen. Die war voll sexy. Ich fand mich immer total sexy drin. Alles dunkelblau; Rock und Jacke, und dann eine hellblaue Bluse und dann so eine sexy Mütze und ein Gürtel und ein rotes Band um die Mütze. Ich kam mir immer total sexy vor in meiner *Girls-Brigade*-Uniform. Bei *Badgers* gab es keine Uniform, bei *Woodcraft Folk* war sie optional. Ich finde optionale Uniformen sind am besten. Und eure Lieder waren so schön. Das mit dem kleinen Trompeter und so. Und alles. Das Lied aus *Goodbye Lenin*. So süß. Weißt du, was wir gesungen haben? *Imagine* von John Lennon und so einen Mist. Ich habe dir doch gesagt: Bei uns war es alles total schw.... muschihaft. Ich wäre so glücklich gewesen bei den Pionieren. Weißt du, dass mein Ex mir mal den Pionierknoten beigebracht hat? Das ist ein gutes Knotensystem. Das ist sehr gelungen. Ich konnte mich überhaupt nicht befreien daraus. Das hätten wir ruhig lernen können in der *Girls Brigade* oder so, aber wir mussten so viel Zeit mit Marschieren verbringen. Wenn es die Pioniere wieder geben würde, würdest du deine Kinder dahin schicken? Also, wenn es total freiwillig wäre: Ich würde Ryan auf jeden Fall hinschicken. Und ich würde versuchen, selber hingehen zu dürfen.«

Mein Bekannter nickt.

»Ich denke, dass es zumindest nicht schaden würde, wenn du eine Therapie machst«, sagt er nach einer kurzen Pause.

»Ich habe dir doch gesagt«, sage ich. »Ich bin viel zu klug dafür.«

»Ach so«, sagt er. »Ja. Das ist wirklich schade.«

Dass es sich zudem noch um einen kirchlichen Verein handelte, war uns nicht einmal klar

Ein entscheidender Punkt von Kindheit und Jugend ist es, dass beide der Geburt automatisch folgen. Insofern erscheint das Bestreben der zivilisierten Kulturen, Kindheit und Jugend zu organisieren, als ein typischer Ausdruck von Überversorgung. Den Menschen in der Steinzeit wäre es wohl kaum eingefallen, die Kindheit oder Jugend ihres Nachwuchses organisieren zu müssen. Vielleicht kümmerte man sich um die Beerdigung der zu früh Gestorbenen und brachte den Jungen zeitig bei, nicht mehr abhängig von den Eltern zu sein, aber dass man mit ihnen bastelte, flöten übte oder im Wald spazieren ging, das wäre wohl zu allen Zeiten Menschen mit ernsthaften Problemen merkwürdig vorgekommen.

Insofern war das Herumorganisiere einer der lästigsten Umstände unserer Kindheit und Jugend. Wir hatten so viele Pläne: Wir bildeten Banden, mit denen wir Klingelstreiche machten, den allgemeinen Weltumsturz in unserer Nachbarschaft vorbereiteten, und mit unserem Taschengeld kauften wir Lutscher. Später lösten wir die Banden auf und trafen uns in exakt gleicher Besetzung als lose, zufällige Ansammlung von Individuen, um Rockmusik zu hören, so laut das mit unseren Ostrekordern ging, und um davon zu träumen, in einem richtigen Getto zu wohnen, das wir hätten *blasten* können. Unsere Ostbatterien aus gewickelter Pappe, aus der ständig die Batterieflüssigkeit auslief, waren so schlecht, wir hätten es nicht von Harlem in die Bronx geschafft, ohne dass der Rekorder den Geist aufgegeben hätte. Unser Leben war wirklich total öde, und erschwerend kam noch dazu, dass uns das wilde Pferd Sex schon in den Arsch zu beißen begann, ohne dass wir gewusst hätten, wie wir gekonnt aufspringen, geschweige denn es reiten sollten.

Was unser Leben noch schlimmer machte als die volkseigenen Wisent-Jeans und Jugendmode-Hemden war die organisierte Freizeit. Vom Frühhort bis zur Spätbetreuung, der Grundgedanke hieß ganztags. Vermutlich lag es daran, dass sie aus rechtlichen Gründen noch keine minderjährigen Mitarbeiter bei der Staatssicherheit beschäftigen konnten. Andererseits war es auch schwer, uns unauffällig mit erwachsenen Spionen zu überwachen, weil wir uns sicher irgendwann gefragt hätten, warum denn ein vierzigjähriger Mann mit uns Kirschkernweitspucken spielen möchte. Die Stasi hatte sich aber das ehrgeizige Ziel einer flächendeckenden Bespitzelung aller gestellt, und so war die Ganztagsbetreuung aller Kinder der Weg zum Ziel. Auf diese Weise konnten wir noch am Nachmittag mit propagandistischen Liedern besungen werden und man wusste immer, was alle so machten. Darüber hinaus konnten wir noch über unsere Fernsehgewohnheiten ausgefragt werden.

Einmal im Jahr musste eine sogenannte Lernkonferenz stattfinden. Dort wurde ausgewertet, wer in einem bestimmten Fach besonders gut und wer in einem Fach besonders schlecht war. Dann sollten die Deutsch-Nieten, die gleichzeitig Mathe-Asse waren, sozialistische Lernfreundschaften mit den Mathe-Nieten, die gleichzeitig Deutsch-Asse waren, schließen. Das Problem bei diesen Lernfreundschaften war, dass die Deutsch-Nieten meist auch noch in einer Doppelfunktion Mathe-Nieten waren, sowie ja auch der Generalsekretär der Partei gleichzeitig Staatsratsvorsitzender und Vorsitzender des Politbüros war. Außerdem hatten die Nieten kein Interesse an der verordneten Freundschaft mit irgendwelchen Assen, weil die Nieten nämlich lieber rauchten und schon mal den Geschmack von Bier ausprobierten, als ausgerechnet in ihrer Freizeit auch noch das zu machen, was sie am schlechtesten konnten, genauso wie die Asse ja auch nicht ihre Zimmer umbauten, um noch in ihrer Freizeit Stangenklettern und Reckturnen zu üben.

Im traumhaften London konnte es so einen Unfug nicht geben. Im traumhaften London konnte man computergesteuerte Klingelstreiche machen oder mit einem Walkman auf den Ohren um die Nelson-Säule tanzen. Warum hätte jemand in London Jugend organisieren sollen?

In den Geschichten von Donald Ducks Neffen lasen wir das erste Mal vom »Fähnchen Fieselschweif«. Und dann gaben in irgendwelchen Filmen aus dem Westen die Schauspieler ihr »Großes Pfadfinder-Ehrenwort«. Was sollte das alles bedeuten? Pfadfinder waren die rauen Burschen, die mit hässlichen Biberfellmützen durch den Wilden Westen gezogen waren, auf der Suche nach Indianern, die sie betrügen könnten. Warum gaben Menschen, die nie im Wilden Westen waren, Pfadfinder-Ehrenworte? War das nicht so, als würden wir das »Große Raumschiffkapitäns-Ehrenwort« geben, war das nicht Betrug? Klar war in der Kunst Symbolik erlaubt. Da konnte schon einmal der Tod in

Form eines Monsters dargestellt werden. Was aber versuchte man in einem Film damit zu zeigen, dass junge Menschen in hässlichen Armeeuniformen durch die Straßen zogen, um Erwachsenen Kekse zu verkaufen?

Wir konnten es uns einfach nicht vorstellen. Wir wollten die Realität der organisierten Jugend Londons so wenig wahrhaben, dass es nicht reichte, mit der Nase darauf gestoßen zu werden. Warum nur, warum würde sich ein junger Mensch freiwillig eine kurze braune Hose anziehen, ein hässliches Halstuch umbinden, eine Mütze aufsetzen, die so aussah, als hätte ein unbegabter Hutmacher Don Quichottes Kopfbedeckung nachzuempfinden versucht – und alles, um den Leuten zu überhöhten Preisen schlechte Kekse zu verkaufen? War das vielleicht die einzige Chance, als minderjähriger Brite an die großartigen Schusswaffen des Westens heranzukommen? Denn das wäre doch noch eine Erklärung, dass man nur durch die Mitgliedschaft in diesem lächerlichen Verein legal an einen Colt oder eine Uzi kam. Aber die Pfadfinder hatten gar keine Waffen, außer vielleicht einem kleinen roten Taschenmesser aus der Schweiz. Wir fanden ja nun wirklich wenig gut im Osten, aber unsere Klingen mit Hirschhorngriff, die halb so lang wie unsere Arme waren und die wir »Hirschfänger« nannten, machten da deutlich mehr her als so ein eingeklapptes Sicherheitsmesser für motorisch Unbegabte. Angesichts der Tatsache, dass die Pfadfinder tatsächlich unbewaffnet waren, fragten wir uns noch mehr, was sie da mit den Keksen in ihrer Nachbarschaft trieben. Vielleicht konnten sie Pfade finden, aber war ihnen nicht klar, dass Kinder nicht allein an den Türen fremder Leute klingeln sollten? Unsere Eltern hatten uns eingeschärft, niemals Süßigkeiten von Fremden anzunehmen, diese idiotischen Kinder liefen herum und fragten Fremde, ob die von ihnen Süßigkeiten kaufen wollten. Der einzige Pfad, den man auf diese Weise finden konnte, war die *road to hell.*

Überhaupt, was sollte das ganze Finden von Pfaden, wenn man in London wohnte? Die Straßen waren dort asphaltiert, teilweise sechsspurig ausgebaut mit Straßenlaternen und leuchtender Werbung. Wie behindert musste man sein, dass man sich da noch den Pfadfindern anschloss? Wenn man in London keinen Pfad fand, dann war es sowieso aussichtslos. Das war so, als würde ein Maulwurf eine Lernpatenschaft mit einem Adler schließen, in der Hoffnung, eines Tages fliegen zu können. Was taten die Pfadfinder noch, fragten wir uns verzweifelt. Irgendetwas Cooles mussten sie doch auch tun! Stattdessen hörten wir vom Binden verschiedener Knoten, dem Singen christlicher Lieder, getrenntgeschlechtlichen Ferienlagern und dem Erwerb von Abzeichen. Himmel, wenn diese Leute so gern Jungpioniere sein wollten, warum kamen sie dann nicht in die DDR? Das Zusammentreffen dieser hirnerweichten Pfadfinder und unserer Pionierleiterinnen wäre wie das Zusammentreffen lange getrennter Geliebter gewesen, wie das Zusammentreffen von Bratwurst und Brötchen, wie das Zusammentreffen von Frank Schöbel mit Chris Doerk. Unsere Pionierleiterinnen wären so froh gewesen, irgendjemand freiwillig bei ihren dämlichen Gruppennachmittagen zu haben, und dafür hätten sie diesen Pfadfindern gern unendlich viele Abzeichen und Butterkekse gegeben. Und was war schon das Sammeln von Altpapier und leeren Flaschen, wenn die Pfadfinder erst mal losgingen, um unsere Ostkekse für britische Pfund an ihre Nachbarn zu verkaufen. Das Devisenproblem der DDR wäre gelöst gewesen, denn tatsächlich gehörten ausgerechnet

Kekse zu den wenigen Waren, die es verlässlich in der DDR zu kaufen gab.

Wenn wir sahen, was für eine unglaubliche Vergeudung der köstlichen Freiheit bei den Pfadfindern stattfand, kamen wir uns vor wie eine Gruppe Verdurstender, die hilflos zusehen muss, wie hinter einem für sie unüberwindlichen Zaun ein mit Mineralwasser betriebenes Spaßbad erbaut wird.

Uns wurde erklärt, dass man sich von seiner großen Liebe auch keine Pause wünschen würde

Es ist schon erstaunlich, dass die Fantasie, die man immer für so eine schöne, wilde Jungfrau mit verrückten Ideen und unbegrenzten Möglichkeiten hält, in Wahrheit eine alte Dame mit konservativen Vorstellungen und so ausufernd wie der Stölpchensee in einem trockenen Sommer ist. Im westdeutschen Fernsehen sahen wir Teenager, die entnervt ihre Eltern anschrien, weil sie um Himmels willen dieses Jahr »nicht schon wieder in Spanien« Urlaub machen wollten. Das versetzte uns in Schockstarre. Wo genau lag Spanien? Wie war es technisch überhaupt möglich, dort Urlaub zu machen? Und welche schwere Krankheit muss das Gehirn befallen haben, damit man dort keinen Urlaub zu machen wünscht? In Ostdeutschland bekam man ja noch nicht einmal seinen Reisepass ausgehändigt. Vielen Menschen in den westlichen Ländern ist es nicht klar, dass der Reisepass immer im Besitz des Staates verbleibt, der Inhaber des Dokumentes borgt ihn sich im Grunde wie in einer Bibliothek nur aus. Lebt man in einer Diktatur, gibt es da wenig Zweifel, weil die Bibliothek stets geschlossen ist und man nur auf besonderen Antrag gelegentlich mal für ein paar Wochen seinen Pass ausleihen darf.

Wenn die westdeutschen Kinder nicht mehr nach Spanien und Italien reisen wollten, wohin fuhren dann erst die Londoner in den Urlaub? Beziehungsweise: Wo wollten sie nicht mehr hin? Das war sicher kein kleines Problem, da doch London der beste Fleck auf dem Planeten ist und insofern aus unserer Sicht jede Bewegung, egal in welche Richtung, zu einer Verschlechterung führen musste. Obwohl, tatsächlich wurde immer wieder davon gesprochen, dass das Wetter in London nicht so großartig sein sollte. Aber das Wetter interessierte uns damals sowieso nicht, schon weil wir keine Ahnung hatten, was mit dem Begriff gemeint war. Uns war auch die »Natur« vollkommen gleichgültig, von der immer so viel die Rede war. Was meinten die Leute damit? Im Osten war die Luft ständig voll vom Rauch aus den verschiedenen Verbrennungsöfen. Wir verbrannten alles, was brennbar war: Äste, Zweige, Braunkohle, Steinkohle. Wir verbrannten sogar den Müll aus dem Westen, weil wir so gerne Dinge verbrannten. Wenn es noch die Inquisition gegeben hätte, dann hätten wir einen Vertrag mit Spanien gehabt, dass wir deren Hexen verbrennen. Abends, wenn die meisten Feierabend hatten, saß man in den Kneipen und rauchte ganze Packungen *Karo* oder *Cabinett*, damit die Rauchkonzentration in der Luft konstant hoch blieb. Dabei wussten wir nicht einmal, warum wir ständig Sachen verbrannten. Wir taten es jedenfalls nicht, um irgendwelche Dinge zu produzieren, denn die Läden waren ja leer und die guten Dinge kamen aus dem Westen. Vermutlich wurden unentwegt Dinge verbrannt, um der Bevölkerung das Gefühl zu vermitteln, dass es vorwärtsgeht, dass was passiert, dass die Fabriken nicht stillstehen, solange die Schornsteine nur tüchtig qualmen. Die Hälfte der Männer arbeitete als Heizer, die andere Hälfte bei der Stasi. Ein paar ganz Privilegierte waren vielleicht sogar Heizer bei der Stasi, aber darüber wurde nicht gesprochen. Von September bis April war die Luft besonders rauchig, weil dann auch noch alle in ihren Kachelöfen Braunkohle verbrannten, das heißt, die, die das Glück hatten, noch einen Kachelofen zu haben. Denn sonst musste man die Braunkohle in einfachen Eisenöfen verbrennen oder den sogenannten Kochmaschinen. Es zeigt, was wir für einen Entwicklungsstand hatten, wenn wir immer noch Herde aus Gußeisen benutzten, in denen schon unsere Großeltern minderwertige Braunkohle verbrannt hatten, und diese alten Dinger auch noch als »Maschinen« bezeichneten. Wir kannten uns damals alle aus mit Braunkohle. Am teuersten waren gebündelte Briketts, aber an die war schwer heranzukommen. Billiger waren ungebundene Briketts, die einfach auf die Straße geschüttet wurden und die man danach tagelang in den Keller schleppen musste. Ob man genügend Trinkgeld gegeben hatte oder nicht, konnte man am Abstand des Kohlenhaufens von der eigenen Hausnummer ablesen. Am billigsten war Braunkohlestaub, den man sich selbst in Leinensäcken beim Kohlehändler abholen musste. Der heizte zwar die Wohnung nicht, machte aber prima Rauch und Gestank.

Angesichts dieses Zustandes unserer Luft verstanden wir die Aufregung um das Wetter nicht. Im Winter lag vom Schwefelrauch gelber Schnee, im Sommer war es immer eine Erleichterung, wenn der saure Regen den Feinstaub aus der Luft wusch und man seltener Asthmaanfälle hatte. Aber vielleicht war es in London anders und deshalb fuhren die Bewohner eben auch in den Urlaub. Aber wohin fuhren sie? Flogen sie zum Mond? Oder nach Amerika? Oder machten sie Urlaub auf den Falklandinseln? Wir konnten es uns nicht vorstellen. Vielleicht waren die Londoner so reich, dass sie in den Urlaub fuhren und während des Urlaubs ständig nach Hause düsten, nur um zu sehen, wie gut sie eigentlich lebten.

In der DDR gab es keinen Urlaub im heutigen Sinne. Für die Kinder gab es die Ferienlager, in denen sie anstelle von Schule in Fabriken kleinere Hilfsarbeiten zu verrichten hatten, wie leichte Reinigungsarbeiten in der Werkskantine, dafür aber in der Aula der Betriebe schlafen durften und alle zwei Wochen einen ganzen Tag frei hatten, an dem *Matschball* oder *Tod den aggressivsten Kreisen des US-Imperialismus* gespielt wurden, die beliebtesten Kinderspiele seinerzeit. *Tod den aggressivsten Kreisen des US-Imperialismus* war eigentlich ganz normales *Mensch ärgere dich nicht*, nur spielten wir es statt mit Würfeln mit alten Milchtüten, auf die wir mit Kohlestaub Triangel ritzten.

Für die Erwachsenen gab es im Sommer die Ernteeinsätze, bei denen man sich gegen Vorlage einer Erlaubnis vom Betriebskommandeur in einen anderen Kreis zur Erntehilfe abkommandieren lassen konnte. Dabei bekam man so unterschiedliche Aufgaben zugewiesen, wie beim Anschieben der Mähdrescher mitzuhelfen, mit einem kurzen Spaten Kartoffeln zu ernten oder die Ochsen vor die Erntemaschinen zu spannen. Der Vorteil war, dass man sich mal in einer anderen Umgebung befand und zur Abkühlung beispielsweise in der Ostsee baden durfte. Sehr Privilegierte konnten auch einmal alle zehn Jahre in das jugoslawische Brkdč reisen, der berühmten Stadt ohne Vokale. Hier musste man nichts weiter tun, als zehn Stunden am Tag Metallspeichen in Regenschirme zu spannen und sich am Abend unter der warmen Sonne der Adria zu entspannen. Leider lag Brkdč nicht am Meer, sondern war ein Industriegebiet im heutigen Nordserbien. Die Unterbringung war alles andere als komfortabel und der Service sehr rustikal, aber es war immer noch besser, als den Sommer über im eigenen Betrieb durchzuarbeiten, vor allem weil dort zu dieser Zeit natürlich viele Besucher aus anderen Gebieten waren, die sich zwar nicht auskannten, die sozialistische Norm aber trotzdem erfüllten.

Um sich einen Aufenthalt in Brkdč zu verdienen, musste man unter den fünf Prozent sein, die die beste Jugendweihe gemacht hatten. Da niemand wusste, was das genau bedeutete, war der Willkür Tür und Tor geöffnet. Zwar strengten sich alle an, zogen sich besonders schöne Sachen an, schrien mit heiligem Ernst den feierlichen Jugendweihe-Schwur, trotzdem wusste man nicht, wer die bessere Jugendweihe gemacht hatte und wer schlecht war.

Urlaub lernten wir erst später kennen.

Unsere Träume flogen nicht bis zur Südsee, unsere Körper durften ja noch nicht einmal bis zur Nordsee fahren

Das Kennzeichen der Wirtschaft ostdeutscher Prägung war nicht der Mangel an Autoersatzteilen, Südfrüchten oder guten Stereokassettenrekordern, die Mutter allen Mangels war das große Exotik-Defizit, unter dem alle litten. Lebten die Leute an der Ostsee, träumten sie von einem Urlaub im Elbsandsteingebirge, lebten sie im Elbsandsteingebirge, träumten sie, einmal Urlaub an den Gestaden des baltischen Meeres machen zu dürfen. Denn obwohl man im Grunde nur innerhalb Ostdeutschlands verreisen konnte, war noch nicht einmal das besonders einfach. Man musste Beziehungen spielen lassen, wenn man einen Urlaubsplatz an der Ostsee oder im Gebirge haben wollte. Selbst ein Platz auf einem Zeltplatz war nicht ohne Weiteres zu bekommen.

Das Problem war unser vollkommen wertloses Geld. Klar, dass man im Westen das Ostgeld nicht haben wollte, denn dort konnte man sich ja nichts davon kaufen. Genauso war es aber auch im osteuropäischen Ausland oder in mit uns offiziell eng befreundeten Nationen wie Kuba oder Vietnam, auch die wollten unser Geld nicht. Manchmal konnten wir das freundliche Gesicht des Lacheltourismus sehen, bis sie herausfanden, dass wir aus dem Deutschland mit dem falschen Geld kamen. Wir konnten es ihnen nachfühlen, denn wir selbst konnten uns mit dem Ostgeld ja auch nichts kaufen. Also nichts Richtiges. Keine Reisen, keine schöne Kleidung, keine Mischbatterien für die Badewanne. Das machte die ostdeutsche Vollbeschäftigung so bedrückend sinnlos: Alle mussten täglich irgendwelche Arbeiten, die kein Mensch brauchte, verrichten, um Produkte herzustellen, die niemand kaufen wollte, um damit Geld zu verdienen, das keiner wollte, weil man sich damit nichts Gutes kaufen konnte, wodurch die Menschen wiederum nicht motiviert waren, auf der Arbeit, die sie gesetzlich gezwungen waren zu verrichten, selbst etwas herzustellen, das es wert war, gekauft zu werden. Die Menschen hätten vermutlich besser gearbeitet, wenn man sie in Naturalien bezahlt hätte.

Aber dadurch war es mit der Exotik nicht weit her. Dabei gab es sogar ein Kochbuch zu kaufen mit Gerichten von allen Kontinenten außer Antarktis: »Guten Appetit – eine Weltreise mit Messer und Gabel«. Das Problem dieses Buches bestand nicht nur darin, dass noch nicht auf allen Kontinenten der Sozialismus ausgebrochen war und man deshalb vor der Beschreibung französischer oder australischer Gerichte zunächst erwähnen musste, dass hier immer noch die Arbeiter ausgebeutet werden. So etwas schrieb sich routiniert herunter und war keine Herausforderung für einen sozialistischen Buchautor. Nein, das Problem bestand darin, dass alle Gerichte im Buch irgendwie mit Zutaten beschrieben werden mussten, die es zumindest gelegentlich in Ostdeutschland zu kaufen gab. Das mochte bei einem Hamburger oder bei angeblich Holländischer Lauchpfanne vielleicht noch gehen, aber dass es in China »Kartoffelkuchen« oder »Birnen nach Pekinger Art«

gegeben hätte oder dass man mit Mehl, Butter und Kaffeesahne eine angeblich original »Afrikanische Hühnersuppe« kochen sollte, vermutlich waren diese Lügen das größte und exotischste Gericht, das uns aufgetischt wurde. So wurde die Exotik der ausländischen Küche hauptsächlich durch Kokosflocken repräsentiert, die es wegen irgendeines Wirtschaftsabkommens immer gab. So waren Kokosflocken der Hauptbestandteil von allen asiatischen, australischen und südamerikanischen Gerichten. Als Ersatz für Sojasauce wurde vorgeschlagen, einen Esslöffel Suppenwürze in die Speise zu geben. Speisewürze! Das war so, als würde man Apfelsaft mit Korn mischen und seinen Gästen als Ersatz für einen Chardonnay servieren.

Angesichts dieser biederen Antiexotik war für uns die Frage umso spannender, was wohl in London als exotisch galt, denn für uns war ja schon London exotisch. Aber was machten die Londoner dann? Aßen sie tote Schlangen oder lebende Kolibris? Zogen sie sich Bananenkleider an oder veranstalteten sie Tischgesellschaften? Oder wäre es für sie exotisch, ein Restaurant zu besuchen, in dem die Gäste wie Gefangene behandelt werden, einem minderwertige Speisen und schlechte Getränke serviert werden, auf die man stundenlang warten muss, und für diese Leistung unbedingt große Mengen Trinkgeld zu zahlen? Wäre es für sie exotisch, die vierte Kopie einer Tonbandkassette zu ziehen oder für eine Monatsmiete ein T-Shirt mit einem billigen, misslungenen Siebdruck einer viertklassigen Band zu kaufen, der nach zwei Wäschen kaum noch erkennbar sein würde, das T-Shirt aber nie mehr ganz verlassen würde und ab der fünften Wäsche für immer als grauer Fleck auf dem Textil verbleiben würde. Wäre es exotisch für Londoner, Currypulver zu kaufen, das vor allem nach Liebstöckel und

Majoran schmeckt, zwar ein bisschen gelb, dafür aber nicht scharf war? Toilettenpapier zu kaufen, das man ebenso gut als Feinschliffpapier in der holzverarbeitenden Industrie hätte einsetzen können.

Wir hätten es zu gern herausgefunden, damals.

DIENEN UND BEDIENUNG

Es gab dieses Lied von Adam & The Ants, das hieß »Stand and deliver«

Völlig unklar blieb für uns, wonach man in London anstand. Wenn es etwas gab, das wir in der DDR wirklich gut konnten, dann war das anstehen. Wir standen eigentlich immer an. Morgens standen wir bei »Brötchen, Bolzenschussgeräte und Bariumsulfat« nach Brötchen an, wenn man gemeinsam mit dem Bruder unterwegs war, konnte der noch am Laden für »Milch, Metallstifte und Makkaroni« nach Milch anstehen, die kleine Schwester stellte man bei »Zapfanlagen, Zoobedarf und Zeitungen« nach der Morgenzeitung an und das jüngste Kind für Saft bei »Saft, Schwermaschinenöl und Sauerkraut« und bat die Frau in der Schlange hinter dem Baby, doch den Kinderwagen immer ein bisschen weiterzuschieben. Die Geschäfte waren damals anders organisiert, eher alphabetisch und nicht so sehr nach Warengruppen. Die Geschichte mit dem Kinderwagen war allerdings ein riskantes Unterfangen, schließlich musste man hoffen, dass die Frau den Kinderwagen auch tatsächlich weiterschob und dass die Verkäuferin dem Baby, wenn der Wagen schließlich an den Tresen geschoben war, Saft und nicht ausgerechnet Sauerkraut verkaufte, denn das aßen wir nur zum Kaffee, und zum Frühstück eigentlich nicht so gern. Maschinenöl und Saft konnte man im Prinzip nicht verwechseln, weil es im Grunde dasselbe war, wie wir immer vermuteten, jedenfalls was Geschmack, Farbe und Konsistenz betrifft, gab es da keinen wesentlichen Unterschied. Das Gebräu funktionierte aber als Saft etwas besser denn als Öl, wo es immer die Zweitaktmotoren auseinanderfliegen ließ.

Waren wir gestärkt vom Frühstück, machten wir uns gleich wieder auf, uns für das Mittagessen anzustellen. War es Dienstag oder Donnerstag, stellten wir uns nach Fleisch an, an Montagen versuchten wir bei »Milch, Metallstiften und Makkaroni« ein paar Makkaroni zu bekommen und an Freitagen gab es manchmal Gemüse bei »Graubrot, Gürtelschnallen und Gemüse«. Wer jetzt fragt, warum wir nicht gleich die Makkaroni gemeinsam mit der Milch am Morgen kauften, hat nicht viel verstanden, denn selbstverständlich galt der Grundsatz: »Ein Mann, ein Produkt«. Das hieß, dass man für einmal anstellen genau einen Artikel vorn an der Kasse bekam, egal, was das war. Solche Dinge lernten wir schon in der ersten Klasse, wo wir neben Russisch, Staatsbürgerkunde und Sport auch »Anstehen« als eigenes Unterrichtsfach hatten. Mathe und Deutsch kamen dann in der dritten Klasse hinzu, dafür lief »Anstehen« nur bis zur siebten Klasse und ging nahtlos in das Unterrichtsfach »Wehrkunde« über, das dem Anstehen sehr verwandt war. Anstehen war eigentlich ein schönes Schulfach, eine Mischung aus Sport und Guerilla-Taktik. Sie brachten uns bei, wie man möglichst breit steht, wie man richtig in die Schlange geht, wie man dafür sorgt, dass die Schlange sich möglichst schnell voranbewegt und so weiter. Gerade die kleineren Kinder spielten oft »Schlange« auf dem Schulhof, indem sie sich einfach hintereinander aufstellten, und die größeren Kinder spielten »Uncle Sam«, wo sich einer von uns einen Zylinder mit *stars and stripes* aufsetzte und dann versuchen musste, sich in einer Schlange vorzudrängeln.

Wenn wir was zum Mittag bekommen hatten, dann konnten wir ein wenig überlegen, wonach wir uns als Nächstes anstellen wollten. Kam die Großmutter zu Besuch und wollte man am Abend im Restaurant essen gehen, dann war es vielleicht sinnvoll, sich jetzt schon einmal dort anzustellen. War das Auto defekt, dann stellte man sich unter Umständen zum dritten Mal an dem Tag bei »Milch, Metallstifte und Makkaroni« an. Günstig war es manchmal auch, wenn man Sauerkraut hatte, denn dann konnte man das vielleicht gegen Zylinderkopfdichtungen tauschen, die jemand anders versehentlich bei »Zitronen, Zwiebeln und Zylinderkopfdichtungen« gekauft hatte. Große Schlangen ging man lieber nicht allein an, man brauchte einen, der die Stellung hielt und ein, zwei andere, die sich bei »Graubrot, Gürtelschnallen und Gemüse« oder bei »Minzplätzchen, Mindestlöhne und Mineralwasser« anstellten, um die Versorgung des Postens in der Schlange mit Wasser und Graubrot zu gewährleisten. Die Familien hatten allein schon deshalb so viele Kinder, weil man sonst niemals genügend zu essen hätte kaufen können. Man brauchte immer neue Kinder für das Anstehen, denn die Großeltern waren damit beschäftigt, im Westen Sachen zu besorgen, und die Erwachsenen mussten in den Betrieben mit den Parteisekretären saufen. Darum lag die Last des Alltags zum großen Teil auf den schmalen Schultern der Kinder. Es wurde übrigens auch streng kontrolliert, ob die Person, die in der Schlange stand, auch die Sachen selbst nach Hause trug. Wenn also zufällig die Jüngste in der Schlange bei »Buletten, Braunkohle und Büroklammern«

angestanden und mit viel Glück eine Partie Braunkohle bekommen hatte, musste sie diese auch in einer Kiepe nach Hause tragen, sonst wäre die Stasi gekommen.

Die Aufnahme in den Kreis der Erwachsenen geschah durch ein Ritual, bei dem man den jungen Mann oder die junge Frau an der Schwelle zum Erwachsenenalter mit einem kleinen Rucksack aus grobem Leinenstoff im frühen Morgengrauen losschickte, um nach Kabarettkarten anzustehen. Bedingung war dabei, dass der Jugendliche die Karten »ohne Begleitung, ohne Beziehung, ohne Bestechung« erstehen musste, wie es im feierlichen Schwur hieß. Kam er oder sie dann in der Nacht oder am nächsten Morgen völlig entkräftet mit den Karten in der Hand nach Hause, gab es ein großes Festmahl aus Graubrot, Mineralwasser und Sauerkraut. Das Kabarett im Osten ernährte sich von diesen Jugendweihen, die Karten wurden gerahmt über dem Bett aufgehängt, es wäre niemandem eingefallen, die symbolträchtigen Objekte für einen schnöden Besuch irgendwelcher Vorstellungen zu benutzen, zumal das Kabarett dem Hörensagen nach grausig gewesen sein soll.

Für wirklich große Anstehaktionen, wie die legendäre Bananen-Schlange im Mai 1978, die solche Massen anzog, dass sie von den Medien als »Weltfestspiele der Jugend« ausgebeutet wurden, damit die hässliche Realität nicht in den Westen drang, oder wie die Schlange nach dem einen West-Videorekorder im eigens gegründeten Laden »Venenstrümpfe, Virenschutz und Videorekorder«, benötigte man allerdings mehr als nur gute Beine und gute Nerven. Man musste Urlaub nehmen oder Krankheit vortäuschen, Liebespaare fanden sich, Ehen zerbrachen. Jede Familie konnte eine Geschichte davon erzählen, wo er oder sie damals gewesen war, als es Papiertaschentücher auf der Leipziger

Straße gab. Es gab auch eine ziemlich esoterische Schule des Schlangestehens, die aber sehr umstritten war. Deren Anhänger behaupteten, dass man jeden Artikel in einem Ladengeschäft bekommen könne, wenn sich nur genügend Leute davor anstellten und auf den Artikel warteten. Das waren frühe, zaghafte und noch sehr wenig durchdachte Vorboten der späteren Demonstrationen.

Aber wie stand man in London an? Wonach stand man in London an? Wir malten uns aus, dass man in London ohne weitere Mühen Trabant-Ersatzteile bekommen konnte. Man spazierte einfach zu »Transformatoren, Teebeutel und Trabant-Ersatzteile«, stellte sich an, vor einem vielleicht ein, zwei andere Londoner, kam dann gleich dran und kaufte sich seine Anhängerkupplung. »Wollen Sie vielleicht noch ein paar Teebeutel kaufen, ist gerade nicht viel los«, fragte dann womöglich der Verkäufer. Oder stand man ganz normal an, nur mit Superstars? Morgens in der Schlange nach Brötchen anstehen, vor einem Cindy Lauper und hinter einem Ian Curtis, beide noch mit einem Riesen-Brummschädel vom gestrigen Auftritt? Was hieß anstehen auf Englisch? Unsere Lehrerin konnte es uns nicht sagen, sie vermutete, es hieße *standing on*, aber die vermutete auch, dass *blowjob* eine Arbeit in der englischen Glasindustrie war. Sie war Lehrerin für Englisch, Erdkunde und Einführung in die sozialistische Produktion. In Erdkunde war sie ganz brauchbar, tragischerweise waren die Fächerzuordnungen auch alphabetisch organisiert. Alles sollte seine Ordnung haben.

Die überraschende Wahrheit, dass man in London fast nie anstand, hätten wir niemals geglaubt. Unser ganzes Leben lang standen wir an, von der Wiege bis zur Bahre. Wir wunderten uns zwar manchmal, warum die Westler so wenig durchtrainierte Waden und wir so viele Venenprobleme hatten, aber wir konnten es nicht verstehen. Dass die Leute in London einfach *nicht* anstanden, hätten wir ebenso wenig verstanden, wie wenn uns jemand erklärt hätte, dass sie durch Kiemen atmen und sich von Krill ernähren. Was machte man den ganzen Tag, wenn man nicht anstand? Wie verbrachten die Familien ihre Zeit miteinander? Worüber sprach man am Abendbrotstisch, wenn nicht darüber, wie man die Lebensmittel auf dem Tisch besorgt hatte? Worum ging es in Witzen und populären Mythen? In der DDR gab es zum Beispiel diesen Mythos, in dem der Cousin eines Freundes eines Arbeitskollegen in einen Laden in Ueckermünde kommt, niemand außer ihm und dem Verkäufer ist in dem Laden, und dort gibt es tiefgefrorene Ananas zu kaufen. Einfach so. Er kann so viele nehmen, wie er möchte. Und es gibt sogar noch Schlagsahne zu kaufen, *in demselben Laden*. Das waren die Geschichten, die unsere Pupillen weiteten und uns wie im Traum schweben ließen. Nahmen sie in London deshalb so viele Drogen, um zu vergessen, dass sie nichts erlebten? Wir hatten in den Schlangen des Sozialismus sehr viel Zeit, über diese Fragen nachzudenken.

NACH MARZAHN ZIEHEN

Ich unterrichte Arbeitslose in Englisch, heute gebe ich Einzelunterricht. Ich mache mit einer meiner Lieblingsstudentinnen eine *Conversation Class* zum Thema Heiraten. Also, es ist eine Mischung aus *Conversation Class* und mündlicher Prüfung. Ich habe dreißig Fragen in der *Lesson-Plan*-Mappe, die sie fließend beantworten muss, um an der nächst höheren *Conversation Class* teilnehmen zu dürfen.

»Ich habe sehr früh geheiratet«, sagt sie. »Sehr jung, meine ich. Aber damals war das normal. Damals war das so. Man musste sehr jung heiraten.«

»Ja«, stimme ich ihr zu. »Damals war das so. Was sollten Frauen sonst machen, wenn sie nicht zur Uni gehen konnten und niemand ihre Ausbildungen bezahlen wollte? Meine Mama hat auch vor ihrem 20. Geburtstag geheiratet. Also, meine Mama und alle ihre Schwestern, sie haben alle vor ihrem 20. Geburtstag geheiratet. Immer wenn meine Mama ein Foto von Lady Di sieht, sagt sie: ›So jung war ich, als ich deinen Papa geheiratet habe. Was für eine Chance hatten wir eigentlich? Kein Wunder, dass es nicht geklappt hat.‹ Das sagt sie.«

»Ja?«, fragt meine Studentin. »Und wie alt war Lady Diana, als sie Charles geheiratet hat?«

»Neunzehn.«

»Neunzehn! Was weiß man eigentlich mit neunzehn!«

»Es war ein bisschen zwangsehemäßig.«

»Echt?«

»Also nicht wirklich. Aber er hat sie nicht geliebt. Er wollte einfach eine Frau, und Camilla war schon weggeheiratet.«

»Aber ich meinte es nicht so, Jacinta, eigentlich, also, nicht wirklich. Das, was du erzählst über deine Mama. Es war anders bei mir. Es war nicht so, dass ich keine Zukunft hatte, außer die zu heiraten. Was du über deine Mama sagst, erinnert mich an deutsche Leute, die auf dem Land leben, in Bayern und so. So war das für mich nicht. Ich hatte eine Ausbildung und alles. Ich hatte meine Ziele. Aber damals, Jacinta, mussten wir heiraten, um eine Wohnung zu kriegen. Zu Ostzeiten, damals. So war es.«

»Wegen einer Wohnung?«, frage ich. »Wegen der Hausverwaltung? Die Hausverwaltung gab nur verheirateten Menschen eine Wohnung?«

Die Studentin lacht.

»Ach, ihr Ausländer, ihr seid so süß«, sagt sie. »Der Staat war die Hausverwaltung, Jacinta. Und Ehepaare wurden bevorzugt. Deswegen heiratete man mit achtzehn, neunzehn, zwanzig. Es gab nicht so viele Wohnungen. Nicht wie heutzutage. Aber die, die es gab, die waren nicht teuer. Wir hatten echt Glück, damals, ich und mein Mann. Wir bekamen eine Wohnung in Marzahn. Damals war Marzahn nicht wie jetzt, nicht wie *Cindy aus Marzahn*, oder – was sagen die Jugendlichen? ›Lieber einen Zahn ziehen als nach Marzahn ziehen.‹ Damals war es anders. Marzahn war angesehen. Wir hatten Zentralheizung und ein richtig schickes Badezimmer. Wir haben uns gefreut. Es war alles so modern ausgestattet. Für die damaligen Verhältnisse. Wahrscheinlich glaubst du mir gar nicht, Jacinta? Wie oft warst du in Marzahn?«

»Hmmmn«, sage ich höflich. »Zwei-, dreimal.«

»Und war es so schlimm?«, fragt sie mich vorwurfsvoll.

»Nee«, sage ich. »Es war toll. Ich war einmal in diesem Shoppingcenter da, das ist wie Amerika.«

»Ja, na. Das ist super.«

»Und dann einmal in diesem Garten.«

»Auch schön, oder?«

»Ja, aber sie sind ein bisschen streng mit ihren Wiesen und so. ›Das hier ist keine Liegewiese‹ und so.«

»Ach ja, Jacinta, ich kann mir gut vorstellen, dass das für euch Ausländer total anstrengend ist, sogar ich, die ich in einem totalitären Regime aufgewachsen bin, finde, dass sie dort ein bisschen übertreiben, also, ich kann verstehen, dass du das ein bisschen streng findest, schade eigentlich, weil es dort total schön ist, oder?«

»Und dann einmal zum Kultur-Poetry-Slam.«

»Haste gewonnen?«

»Ich war die einzige Performerin, die im Kulturzentrum aufgetaucht ist.«

»Ach, dann hast du den Pokal gekriegt, oder?«

»Ja. Aber auf dem Weg nach Hause sah ich zwei Mädels und beide hatten ihre Haare hinter den Ohren wegrasiert.«

»Findest du das hässlich?«

»Das ist neonazimäßig!«

»Ach, du Scheiße. Ich habe nicht so den Überblick, bei den Neonazis und so. Echt, ja? Ich kenne das mit den Lonsdale-Klamotten. Ja, das kann schon sein, dass Marzahn ein bisschen gefährlich ist für ein Mädchen wie dich, ich habe am Anfang auch gedacht, dass du Türkin bist. Ich dachte mir: Ach, wie schön, es gibt sie auch in England, wusste ich ja gar nicht. Also, kann sein, dass es für eine wie dich dort gefährlich ist. Aber echt. Jacinta. So gefährlich, wie es in den Medien dargestellt wird, ist es nicht. Ich meine, du bist dreimal dahingefahren und dir ist nichts passiert, oder? Und sag mal: Wie traurig ist das denn? Du wohnst elf Jahre in Berlin und bist nur dreimal in Marzahn gewesen, das ist echt eine traurige Bilanz, versteh mich nicht falsch, ich denke, die Medien sind schuld daran. Weißte.«

»Ach«, sage ich. »Ich bin nicht ein einziges Mal in Spandau gewesen.«

»Och«, sagt die Studentin. »Ich auch nicht, und ich bin hier geboren und bald fünfundvierzig. Aber *damals*, Jacinta. Damals war Marzahn schön. Wir waren stolz drauf, in Marzahn zu wohnen. Wir haben geheiratet, um die Wohnung zu kriegen, wir haben sehr früh geheiratet, und hätten sonst nicht geheiratet. Das wussten wir beide immer. Das war uns immer klar. Und dann kriegten wir die Wohnung. Und wir waren glücklich, eine Weile. Ich weiß nicht, ob ›glücklich‹ nicht übertrieben ist. Aber jedenfalls nicht unglücklich. Ich war nicht unglücklich. Er hat nicht getrunken und mich auch nicht geschlagen, Jacinta. Ich war allein dafür schon dankbar, denn viele Männer machen das ja, weißte. Manchmal dachte ich mir sogar, dass ich mich in ihn verliebt habe. Manchmal. Für ein paar Tage oder sogar Wochen. Ich war nicht unglücklich. Ich war nie unglücklich.«

»Wo ist er jetzt?«, frage ich.

»Er ist weggegangen«, sagt sie. »Nach der Wende. Er wollte weg, ab in den Westen, er wollte arbeiten. Ja, manchmal denke ich: Ohne die DDR hättest du nicht geheiratet und ohne die Wiedervereinigung wärst du heute nicht geschieden. Manchmal denke ich so. Aber du kannst nicht wissen, was für Karten dir das Leben gibt. Oder? Das Leben verteilt die Karten, du kannst nicht wissen, was kommt? Damals wusste ich nicht, dass es die DDR nicht immer geben würde. Ich hätte das nie gedacht. So wie ich jetzt denke, dass es die BRD immer geben wird. Weißt du, Jacinta?«

»Ich glaube, ja.«

»Ich mag die Lehrer hier alle so sehr, aber du bist meine Lieblingslehrerin, Jacinta«, sagt sie. »Ich mag dich. Wirklich.«

Das finde ich gut, weil sie eine meiner Lieblingsstudenten ist. Deswegen will ich ihre Lieblingslehrerin sein.

Als der Unterricht vorbei ist, schaue ich auf meinen Zettel und merke, dass keine der Fragen auf meinem *Conversation-Class*-Plan beantwortet worden ist. Scheiße. Eigentlich darf die Studentin nicht am nächsten *Conversation-Class*-Unterricht teilnehmen, wenn sie diese mündliche Prüfung nicht bestanden hat. Ich mache trotzdem bei »Continue« ein großes Kreuz. Reden kann sie, diese Frau.

Nachdem sie weg ist, sind meine nächsten Studenten total spät dran. Ich muss auf sie warten. Ich gucke auf den Innenhof. Alles so plastic und gefaked, sogar die kleinen Steine sehen unecht aus. Ich blicke hinüber, hinüber in die Räume von Vattenfall, zu den Büroleuten, alles sieht da so aus, als ob es jünger als zehn Jahre alt ist, jeder einzelne Stuhl. Ich denke darüber nach, wie romantisch es sein muss, jemanden wegen der Wohnung zu heiraten.

Eigentlich sollte es viel mehr *Julia*-Romane mit dieser Geschichte als Haupthandlung geben:

»Wollen wir heiraten? Wegen der Wohnung.«

»Okay. Machen wir. Aber nur wegen der Wohnung.«

»Gut.«

»Super.«

»Toll.«

»Okay.«

Und dann verliebt man sich doch, dann verliebt man sich trotzdem, in seiner kleinen modern ausgestatteten Marzahn-Wohnung. Mit so einem modernen Wasserkocher und einer kleinen Wiege und allem. Modern für die damalige Zeit, meine ich.

»Ich habe Perlgraupensuppe für dich gekocht«, würde man sagen, und hoffen, dass er nicht merkt, dass man sich in ihn verliebt hat. Und dann würde die Wende kommen, und weil man nur wegen der Wohnung geheiratet hat, würde er ab in den Westen gehen, um Arbeit zu finden.

»Wir haben sowieso nur wegen der Wohnung geheiratet, damals.«

»Weiß ich doch.«

»Ich habe so einen voll guten Job gefunden. In Wuppertal.«

»Gut.«

»Super.«

»Toll.«

»Okay.«

Hoffentlich würde er nicht deine kleinen Tränen bemerken, wenn du sagst: »Viel Spaß in Wuppertal. Ich habe dir ein bisschen Perlgraupensuppe für die Reise gekocht. In dieser Thermosflasche.«

Und dann, wenn er weggeht, flüsterst du ihm zu: ›Ich danke dir dafür, dass du nicht getrunken und mich nicht geschlagen hast.‹ Aber er würde nicht begreifen, dass du damit viel mehr sagen willst als das.

Später, wenn man alt geworden ist und in Rente, und man sich doch nicht mehr in jemanden anderen verliebt hat, könnte man sich wiederfinden, denke ich mir. Am

Ende des Lebens. Dann könnte der Mann zum Beispiel aus Wuppertal zurückkommen, um zu kontrollieren, ob du dich je wieder verliebt hast, und du hast dich nie wieder verliebt, und dann zieht er wieder ein bei dir in die modern ausgestattete Marzahn-Wohnung, die nicht mehr modern ist, und ihr könntet zusammen auf dem Sofa sitzen und Sudoku machen und tagsüber Unterrichtsfernsehen angucken und das alles ziemlich fremd finden und nicht verstehen. Man sitzt auf dem Sofa zusammen, und man könnte alle die Deutschlands, die man kennengelernt hat, vergleichen und zueinander sagen: Wir haben nur geheiratet, wegen der Wohnung, damals, aber wollen wir nicht trotzdem später zum Shoppingcenter laufen? Es ist besser als das in Amerika! Hat meine Englischlehrerin mir gesagt. Und sie kommt aus England. Sie muss es wissen. Eigentlich.

Mann, das wäre romantisch, denke ich mir. Bin nur überrascht, dass es nicht öfter passiert. Plötzlich klopft es an der Tür. Meine neuen Studenten sind endlich da. Ich lächle, hole den *Conversation-Class*-Unterrichtsplan aus dem Ordner.

»Und?«, frage ich. »Was denken Sie? Soll es für Teenager verboten sein, eine Geschlechtsumwandlungsoperation zu machen?«

Gott, denke ich. WIE langweilig.

Die Nutztiere, von denen die Mahlzeiten stammten, können sie nicht schlechter behandelt haben

Es gibt verschiedene Arten von besser. Zum Beispiel gibt es folgendes »besser«: »Wäre Marita Koch bei der Weltmeisterschaft 1983 noch besser gelaufen, wäre sie Weltmeisterin geworden und nicht Marlies Göhr.« Und dann gibt es noch ein »besser« wie in: »Es ist wahrscheinlich besser, wenn ich mit der abgerissenen Hand ins Krankenhaus fahre.« Das eine »besser« ist freundlich, unaufgeregt, faktisch, beschreibt einen Unterschied, der mit Nuancen zu tun hat. Das andere »besser« ist imperativ, absolut, kategorial und beschreibt einen Unterschied, der wie die Chinesische Mauer mit bloßem Auge vom Weltall aus sichtbar ist.

Wenn wir davon ausgingen, dass die Restaurants in London besser als bei uns waren, dann meinten wir die zweite Art von besser. Wenn unsere Mutter krank im Bett lag und deswegen unser schlecht gelaunter Vater etwas zu essen machte, war das immer noch tausendfach besser, als in ein Restaurant zu gehen. Vor die Wahl gestellt, ein Jahr in einem sibirischen Lager zu verbringen oder zehnmal in der nächstgelegenen Clubgaststätte (wie viele DDR-Restaurants hießen) essen zu gehen, hätten viele sicher zunächst gefragt, um welche Ecke von Sibirien es sich denn handeln würde, weil einiges dort landschaftlich ja sehr reizvoll sein soll.

Die Restaurants im Osten waren plüschig dekorierte Umerziehungslager. Zwar blieb unklar, wozu man umerzogen werden sollte, aber wer hätte das zu fragen gewagt? Die Türen waren in gewisser Hinsicht die Schleuse von der Welt draußen, in der wir noch meckern, motzen und uns frei bewegen durften. Aber war man durch die Schleuse durch, betrat man das Reich der sagenumwobenen »Gastronomie«, eine dunkle und strenge Geheimwissenschaft, wie es uns schien. Wer sich nicht augenblicklich darauf einstellte, dass in den heiligen Hallen der ostdeutschen Gastwirtschaft andere Regeln als draußen galten, wurde alsbald schrecklich dafür bestraft. Zunächst galt es, die Schilder im Eingangsbereich gründlich zu studieren. Alle Schilder galten ohne Ausnahme, Buchstabe für Buchstabe. Punkt. Wenn ein Schild im Eingangsbereich dazu aufgefordert hätte, Handstand in Frauenkleidern zu machen, hätte die gesamte Warteschlange im Eingangsbereich auf den Händen gestanden. »Sie werden platziert« war Standard, Wartezeiten von zwei Stunden noch lange kein Problem. Aber auch »Heute geschlossene Veranstaltung« oder »Einlass nur in angemessener Kleidung« musste man unbedingt ernst nehmen, wenn man nicht Gefahr laufen wollte, vom Kellner angeblafft zu werden, dass ja nun eine Nietenhose das Gegenteil von angemessen sei und man also wieder gehen müsse. Das Platzieren war nicht einfach ein Vorgang, bei dem der Kellner dem Gast einen leeren Stuhl zuweist, sondern es war so etwas wie die Taufe, durch die einen der Kellner überhaupt erst zum Mitglied der Restaurantgemeinschaft machte. Setzte sich ein verirrter Irrer irrlichternd unaufgefordert auf einen freien Stuhl an einem freien Tisch in einem leeren Restaurant, dann drohte ihm Unheil. Entweder wurde er sofort rausgeschmissen oder er saß dann stundenlang da, ohne dass ihn ein Kellner auch nur zu bemerken schien, bis er selbst ein Einsehen hatte und das Weite suchte. Nahezu lebensmüde war es, ungefragt zwei Tische zusammenzustellen, man konnte dann direkt sehen, wie sich das Adrenalin langsam vom Herz über die Halsschlagader in den Kopf des Restaurantleiters fraß, um sich in einem cholerischen Anfall biblischer Dimensionen zu entladen.

War die Platzierung die Taufe, so war die Bestellung die Konfirmationsfeier. Wieder hatte man geduldig zu warten, bis der Kellner die Zeit reif dafür fand, in den Bestellungsdialog überzugehen. Es blieb einem fast keine andere Wahl, als die Karte auswendig zu kennen, denn einerseits hatte der gastronomische Facharbeiter nicht unendlich Geduld und andererseits war es üblich, dass bis zu fünfzig Prozent der Gerichte aus der Speisekarte aus waren. Dann galt es schnell zu reagieren, hoffnungsvoll Alternativen zu benennen und demütig auf das bestätigende Nicken des Kellners zu warten. Klar, man hätte auch sagen können: »Ach, dann schaue ich noch einmal kurz in die Karte«, aber das hätte beim Kellner dieselbe Fratze des wutentbrannten Wahnsinns hervorgerufen wie die Frage: »Was können Sie uns empfehlen?« Das wäre gewesen, als würde man mit Weihwasser in der Hölle selbst um sich spritzen, der Kellner würde sich umgehend entfernen und nie, nie, nie wieder am Tisch auftauchen. Man bestellte »Saft« oder »Bier«, und wenn man Glück hatte, dann gab es sogar Saft oder Bier. Das vermessene Fragen nach Sorten oder anderen Unterkategorien galt als an Frechheit nicht zu überbietende, geradezu spätbürgerliche Dekadenz, die durch den Sieg des Sozialismus überwunden war. Im Grunde hätte man auch »was zu essen und was zu trinken, wenn Sie haben« bestellen können.

Das Essen, wenn es kam, bestand aus geschmacklosen, totgekochten Einzelteilen, die ohne Salz und Gewürze neben Nestern aus rohem Weißkraut ruhten. Es war so, als hätten die Gäste allesamt gefragt »Was muss weg?« und das dann vorgesetzt bekommen. Im Westradio hörte man von Skandalen in Restaurants, die ihren Gästen aufgewärmtes Katzenfutter vorsetzten, wir hätten sonst was darum gegeben, solche Leckereien serviert zu bekommen. Aufgewärmtes Westkatzenfutter mit frischem Salat, was für ein Traum! Bei uns war das Bier in der Regel warm, der Kaffee kalt, die Brause schmeckte irgendwie nach altem Rotwein. Die Kellner knallten einem die Teller auf den Tisch, man hatte zu parieren und fortwährend »Danke« zu sagen, ohne dass man gewusst hätte, wofür. Am Ende, um das Erlebnis perfekt zu machen, musste man unbedingt riesige Mengen Trinkgeld zahlen. Im Grunde war es so, dass man umso mehr Trinkgeld zu geben hatte, je patziger und unverschämter man behandelt worden war. Dann nahm man seinen Mantel und ging. Natürlich hatten die Ostler mehr Sex als die Westler, denn während jene sich zu gediegenen Rendezvous im Restaurant verabredeten und bei einem Glas guten Wein einander kennenlernten, trafen wir uns lieber gleich zu Hause und in einer unbeheizbaren Einraumwohnung ist das Bett eben nie besonders weit weg.

Waren wir ohne größere Schäden aus den Restaurants gekommen, atmeten wir erleichtert auf. Nachts stellten wir uns dann Restaurantbesuche in London vor. Wir hatten gehört, dass hier die Leute nicht nur in Restaurants aßen, wenn sie mussten, weil sie in einer fremden Stadt waren oder nicht genug Platz zu Hause hatten, sondern »zu ihrem Vergnügen«. Wie unglaublich war das eigentlich? Hier, so träumten wir, wurde man nicht einmal platziert, in den Filmen hatten wir sogar gesehen, dass manche einfach ihre Straßenbekleidung mit an den Tisch nahmen und locker über den Stuhl hängten. Und dafür wurde man nicht vom Kellner bestraft, sondern bekam noch einen Gin Tonic oder ein »kleines Glas Bordeaux« oder einen Kirschsaft. Oder hätten Sie lieber Orangensaft? Die Kellner schwirrten um einen herum und fragten immerzu, ob man noch einen Wunsch hätte. Unvorstellbar. Trinkgeld gab es nur, wenn man wirklich sehr zufrieden war und das konnte wohl auch heißen, dass die wunderschöne Serviererin freundlicherweise einen Quickie mit dem Gast geschoben hatte. Was unklar blieb, war die Frage, was es in den Londoner Restaurants außer Katzenfutter zu essen gab? Alles, was wir in Erfahrung bringen konnten, war, dass die Engländer in Zeitungspapier eingewickelten, in Fett gebratenen Fisch mit Pommes aßen. Immerhin handelte es sich um Westzeitungen, das war schon mal was. Aber trotzdem: Fisch mit Pommes in Zeitung. Sonst nichts. Sie aßen keinen Salat, das war klar. Sie aßen aber auch keine Soße oder irgendwelches Gemüse oder Kartoffelbrei oder Suppe. Sie aßen diesen Fisch oder Nierenpudding. Doch die Vorstellung, dass so eine hübsche Servierfee angeschwebt kommt mit einem Gin Tonic mit Stäbchen, zwei Würfeln Eis und einem Schirmchen sowie einer alten Zeitung mit öltriefendem Fisch und dann beides auf der blütenweißen Tischdecke mit einem freundlichen Lächeln anrichtete, gab uns doch schwer zu denken. Im Vergleich zu dem, was uns geboten wurde, musste es aber immer noch das Paradies sein.

DAS ESSEN

Eine meiner absolut besten Freundinnen kommt auch aus England, und sie wohnt hier in Berlin genauso lange wie ich, also fast. Sie hat wie ich ein Kind, aber ihres ist ein Jahr jünger als meins, und sie hat einen ostdeutschen Exmann, mit dem es nicht geklappt hat. Ich kenne sie seit mindestens zehn Jahren.

»Etwas Schlimmes ist mir passiert«, sagte sie neulich mit traurigen, enttäuschten Augen beim Kaffee im *Starbuck's* zu mir. »Etwas sehr Schlimmes.«

»Was«, fragte ich.

»Wirklich sehr schlimm«, sagte sie.

»Sag's«, sagte ich.

»Richtig furchtbar«, sagte sie.

»Komm, rede schon«, sagte ich.

Dann sagte sie:

»Letzte Woche habe ich jemanden abgeschleppt – und wir sind zu ihm gegangen – und – was denkst du? Was ist passiert? So schrecklich. So schlimm. Das Horrorerlebnis. Er hatte einen sehr kleinen Pimmel.«

»Ach, du Scheiße«, sagte ich. »Aber, weißt du, die Penisgröße ist nicht alles. *It's not the size of the ship, it's the motion of the ocean*, wie man bei uns zu sagen pflegt. Hoffentlich hat er zumindest gut lecken können. Hat er nicht wenigstens gut lecken können?«

Jetzt sahen Nickys Augen noch trauriger und enttäuschter aus als zuvor.

»Ich weiß es nicht«, sagte sie.

Ich sah sie schockiert an.

»Du weißt es nicht?«

»Nein. Ich weiß es nicht. Ich hatte meine Tage.«

»Ach so«, sagte ich. »Der war Westler.«

Jetzt sah Nicky mich schockiert an. »Was meinst du damit, Jacinta?«, fragte sie.

»Na ja, du kennst den berühmten Spruch, oder? Nur Hunde und Ostdeutsche stört's nicht, wenn eine Frau ihre Tage hat.«

»Das ist ein berühmter Spruch?«, fragte sie.

»Ja«, sagte ich. »Also, es wird ein berühmter Spruch. Ich habe ihn grad erfunden.«

»Jacinta«, sagte Nicky aufgeregt. »Was meinst du damit? Was willst du damit sagen? Willst du damit tatsächlich behaupten, dass es ostdeutsche Männer in diesem Land gibt, ostdeutsche Männer, die noch am Leben sind, die deine Muschi geleckt haben, obwohl du deine Tage hattest? Willst du das jetzt behaupten?«

Ich sah sie überrascht an.

»Machen sie doch immer, oder? Die Ostler«, sagte ich, ein bisschen verunsichert. »Ist doch Brauch bei denen. Dachte ich.«

»Bei mir nicht. Du bist krank, Jacinta.«

»Ich bin nicht krank«, sagte ich. »Wenn ich krank wäre, dann würde ich es vorschlagen. Habe ich nie gemacht. Ich habe immer nur erlaubt, dass es passiert. Ich glaube, dass es denen guttut. Ich glaube, dass es Vitamine im Menstruations-Fluid gibt, die sonst nur in Bananen vorhanden sind. Entweder Vitamin B oder Vitamin D. Wahrscheinlich Vitamin B. Das ist das, was in Marmite ist, oder? Und das schmeckt ziemlich ähnlich. Aber ich bin mir gar nicht so sicher über die genauen wissenschaftlichen Details.«

»Du spinnst total«, sagte Nicky. »Hier geht es nicht um Ernährungsfragen. Es geht um Erziehung. Die Ostler sind deswegen so schnell bereit zu lecken, weil sie im Ferienlager immer alles aufessen mussten, was auf dem Teller war, sonst gab's keine Nachspeise. Das hat die voll geprägt.«

»Ja, okay«, sagte ich. »Und sie haben bestimmt richtig bittere Gemüsesuppen essen müssen. So Kohlsuppe und anderes bitteres Gemüse, das wir nicht mal kennen, weil wir immer zu der Kanaken-Gemüse-Abteilung gehen, zu den Auberginen und so. Aber wahrscheinlich gab es richtig bittere Gemüsesuppe, und dann kam eine Erzieherin mit einem Stock und rief wütend: ›Leckt eure Teller sauber, sonst wird Ernst Thälmann sauer auf euch!‹«

»Genau«, stimmte mir Nicky zu. »Das wird so gewesen sein. Ganz, ganz bittere Gemüsesuppe im Ferienlager. Natürlich stört die das bisschen Muschilecken – auch während deiner Tage – gar nicht.«

Nicky und ich fingen an, darüber zu diskutieren, was die Leute in Ostdeutschland immer gegessen haben.

»Also, keine Bananen«, sagte Nicky. »Das heißt: auch keine Auberginen. Wer keine Bananen hatte, hatte auch keine Auberginen.«

»Ja«, sagte ich. »Ich glaube, dass sie viel Hirse gegessen haben.«

»Was?«, fragte Nicky. »Hirse. Meinst du Hirsch?«

»Nee, diese Hirse. Ich habe einmal so einen Babybrei aus Hirse im Bioladen gekauft. Und der war voll lecker und so, aber ich dachte, dass er ein bisschen so voll nach Ostdeutschland geschmeckt hat.«

»Nicht Hirse. Glaube ich nicht. Das habe ich noch nie gehört. Aber bestimmt Grießbrei«, meinte Nicky. »Die Deutschen lieben alle Grießbrei. Ich glaube, sie haben voll oft Grießbrei gegessen. Hey, Jacinta, wusstest du, dass Grießbrei eigentlich ›Semolina‹ heißt?«

»Ja, na, aber der schmeckt gar nicht wie bei uns, oder? Weißt du, was ich noch glaube? Ich glaube, sie haben immer Perlgraupen gegessen. Ich habe einmal im Bioladen aus Versehen Perlgraupen statt Quinoa gekauft. Total aus Versehen. Das hat auch ein bisschen so ostdeutschig geschmeckt. Ich glaube, sie haben immer Perlgraupensuppe gegessen. Glaubst du das auch?«

»Ich weiß nicht, was das ist. Ich habe nur einmal Quinoa gegessen, voll eklig, oder? Aber was denkst du, Jacinta, bestimmt haben sie nie Salat gegessen? Niemals Salat. Der Uwe wusste kaum, was Salat überhaupt ist.«

»Doch«, sagte ich. »Manchmal schon. Aber so langweiliger Salat, ohne Tomaten.«

»Ja, keine Tomaten. Also, wenn sie keine Auberginen oder Bananen hatten, dann hatten sie bestimmt auch keine Tomaten. Aber weißt du, was sie viel gegessen haben? Glaube ich, zumindest. Ketchup. Ach, wie der Uwe Ketchup geliebt hat! Das war für ihn so eine Edelsoße. Ich habe einmal so ein Hähnchenrezept von Dingsbums gemacht – von Jamie Oliver, ja? Mit Knoblauch und Zitrone und Salbei und allem Möglichen. Und er hat Ketchup oben draufgemacht! Ketchup! Sie lieben Ketchup. Aber sie hatten damals kein *Heinz*, sie hatten was anderes.«

»Ja, Ketchup«, sagte ich. »Aber nicht *Heinz*. Was anderes. Sozialistischer Ketchup.«

»Und weißt du was noch? Spreewaldgurken. Sie haben viele Spreewaldgurken gegessen. Bestimmt.«

»Ja«, sagte ich.

»Und nix Bio«, sagte sie.

»Nee«, sagte ich.

»Und bestimmt ganz viel Dosenobst. Die Schwester von Uwe, weißt du was sie findet? Sie findet Dosenobst leckerer als echtes Obst.«

Nicky lachte überlegen, aber ich sagte nichts. Heimlich finde ich das auch. Also, nicht bei allem Obst, aber zum Beispiel: Pfirsich. Pfirsiche aus der Dose sind ganz objektiv gesehen leckerer als die echten, wenn man sie zum Eis isst, zum Beispiel.

Ein paar Tage später kamen Nicky und ihr Kind Leo uns zum Abendessen besuchen.

Ich hatte Nudeln mit Pestosoße gekocht. Die Kinder lieben Pesto, ich hatte es aber heimlich hausgemacht gekocht, um ein bisschen Spinat reinzuschmuggeln. Irgendwie merkte Leo, dass das Pesto nicht aus einem Glas kam, und weinte bitterlich, so bitterlich und traurig, wie Kinder nur dann weinen können, wenn sie wissen, dass das, was man gekocht hat, nicht aus der Dose, dem Glas oder dem Tiefkühlschrank kommt.

»Ich hasse es«, weinte er.

»Du liebst doch Pesto«, sagte Nicky, verzweifelt.

»Das hier schmeckt anders«, sagte er.

»Das schmeckt eigentlich genauso oder sogar besser«, sagte Nicky.

»Ich hasse es, ich werde kotzen, wenn ich das essen muss. Ich hasse es. Ich hasse, wie es schmeckt.«

Nicky nickte, stand auf.

»Es tut mir leid, was ich gleich tun werde«, kündigte sie an. Dann schüttete sie die Nudeln zurück ins Sieb und wusch sie sauber. Ich guckte traurig zu, wie mein hausgemachtes Pesto, mit frischem Basilikum und Knoblauch und allem, im Ausguss verschwand. Nicky gab ihrem Sohn den Teller voll nackter Nudeln. Sie stellte ihn auf den Tisch mit der Wut einer sechzigjährigen Kantinenmitarbeiterin, die schon letztes Jahr in Rente gehen wollte.

Leo weinte noch lauter und bitterer.

»Was ist jetzt los?«, fragte Nicky.

»Die Nudeln sind mir zu langweilig ohne Soße!«, weinte er.

Ich hatte keine Wahl. Ich stand auf, ging zum Kühlschrank, und holte das Ketchup heraus. ›Fucking kids‹, dachte ich. Ich schüttelte viel Ketchup auf Leos Teller.

»Ich auch!«, rief Ryan. Ich machte genauso viel Ketchup auf sein Nudelgericht. Zumindest musste ich von seinen Nudeln nicht das Pesto abwaschen. Nudeln mit Ketchup sehen für mich so armselig aus. Die einzigen Familien in England, von denen ich das kannte, waren Sozialhilfefamilien, so wie meine Freundin Priti, deren Familie illegal in ihrer Wohnung eine Schneiderei betrieb.

Die Kinder fingen an zu essen.

»Hmmmmn, lecker!«, summten sie fröhlich.

»Mum«, sagte Ryan. »Das sind genau die Nudeln, die ich gerne esse, aber du hättest das Pesto weglassen und mir nur Ketchup geben können.«

Nicky und ich sahen uns traurig an. Nachdem die Kinder vom Tisch weg waren, machte ich eine Flasche Chianti auf.

»Nudeln mit Ketchup«, sagte Nicky, missbilligend.

»Na ja«, sagte ich. »Zumindest zwingen wir sie nicht, alles auf ihrem Teller aufzuessen und so.«

»Aber vielleicht, Jacinta«, sagte Nicky, »wäre das doch gar keine so schlechte Idee.«

Wir mussten uns nicht verkaufen, aber dafür wurde uns auch nichts verkauft

Die DDR strebte eine unheimlich komplizierte Gesellschaftsform an, die nicht mit einfachen Worten zu beschreiben ist. Wir lebten im Sozialismus und das war schon der absolute Hammer, aber wir strebten sogar danach, diesen Sozialismus zu überwinden und zum Kommunismus zu kommen, der nach allem, was wir wussten, noch viel, viel besser, das absolut Allerbeste überhaupt sein sollte. Eine klassenlose Gesellschaft, in der kein Mensch arbeiten musste, aber alle gerade so viel Lust zur Mehrung des gesamtgesellschaftlichen Vermögens hatten, dass jeder Einzelne in einer Art Luxus schwelgte, die aber alle Menschen als vollkommen normal empfanden. Es war wie das Paradies oder das Nirwana, nur mit dem riesigen Vorteil des Diesseitigen. Über kurz oder lang würden Milliarden ihren Weltreligionen abtrünnig werden, die Kreuze in die Ecke stellen, die orangefarbenen Umhänge an den Nagel hängen und ihre Davidssterne vergessen, wenn erst mal der super-hammermäßige Kommunismus so was von in der DDR ausgebrochen sein würde. Wir würden ein Einwanderungsministerium einrichten müssen, um die Flüchtlingsströme in unser großartiges Land überhaupt organisieren zu können. Bis dahin lebten wir im Sozialismus, einer Art Beta-Version des Kommunismus, noch voller Webfehler, die sich aber nicht etwa versehentlich in der gesellschaftlichen Substanz befanden, sondern damit wir diese Fehler ausleben konnten, um die Belastbarkeit des Systems zu testen. Wir waren gewissermaßen das wissenschaftliche Bodenpersonal, das sicherstellte, dass alle Systeme funktionierten, bevor die Kommunismusrakete ins Weltall der frohen Zukunft abgeschossen werden konnte.

Den Sozialismus konnte man im Unterricht vermitteln und an der Universität studieren, mit dem Kommunismus versuchten sie das gar nicht erst. Aber trotzdem wir so lange, so unendlich lange Stunden zum Thema hatten, verstanden wir doch nicht, was Sozialismus bedeutete. Von irgendeinem der sozialistischen Dichter bekamen wir die Eselsbrücke vermittelt: »Der Sozialismus ist das Einfache, was schwer zu machen ist.« Und Lenin erklärte: »Was ist Sowjetmacht? Sozialismus plus Elektrisierung des ganzen Landes.« Es musste an uns liegen, dass wir es nicht kapierten, wahrscheinlich waren wir einfach nicht elektrisiert genug. Richtig leid konnten einem die Mitschüler tun, die auch noch in der Kirche waren: Einerseits mussten sie verstehen, wie aus den ofenbeheizten Trümmerhäusern, die wir bewohnten, die sozialistische Weltrepublik aufsteigen würde und andererseits wie ein einziger Gott gleichzeitig ein Vater, sein Sohn (den er aber nicht im engeren Sinne gezeugt hatte) sowie eine Taube sein konnte, die zwar fliegen konnte, die aber ein Symbol für einen Geist war. Der Geist wiederum war aber nicht wie jeder normale Geist, der mit einem Laken behängt von Raum zu Raum schwebte und Leute erschreckte, sondern eben ein Symbol. Er war heilig und gut. Ausgerechnet der hässlichste, von den Dächern scheißende Vogel, war das Symbol des Guten. Vielleicht bildeten sich unsere christlichen Mitschüler einfach ein, dass der Vogel beide Paradiese gleichzeitig symbolisierte und dass im Grunde genommen dasselbe gemeint war, nur mit anderen Worten ausgedrückt. Bei den Sozialisten war ja auch schon aus dem Vierergespann Stalin, Lenin, Marx und Engels eine Dreieinigkeit gemacht worden und da die Köpfe der drei Ober-Checker immer als Einheit nebeneinander, unter wehenden Fahnen dargestellt wurden, war das vielleicht die kommunistische Art, Dreifaltigkeit auszudrücken.

So schwer auch zu begreifen war, was der Sozialismus ist, so leicht war es zu erklären, was der Sozialismus nicht ist: Kapitalismus. Wenn man das wusste, konnte man praktisch keine schlechtere Note als Zwei in Sozialismuskunde bekommen, alle Fragen konnte man mit diesem Wissen gut durchschauen. »17. Was macht die Arbeiterklasse glücklich und zufrieden? a) Ein Opel Kadett mit Sportlenkrad, Automatikantenne, Heckspoiler und Ledersitzen, den ihre Klassenbrüder im kapitalistischen Rüsselsheim für ihre unterdrückerischen Herren fertigen mussten? b) Der neue Fünfjahrplan, den das Zentralkomitee der SED in enger Verbundenheit mit den Gewerkschaften und den Parteien der Nationalen Front zum weiteren planmäßigen Aufbau des Sozialismus für eine bessere Gesellschaft erarbeitet und mit einstimmiger Mehrheit verabschiedet hat? c) Eine Gurke?« Der Opel war eine Ablenkung, mit solchen Antworten testeten sie einen. Opel stand natürlich nur in den Ostberliner Testfragen, in Limbach-Oberfrohna wussten die gar nicht, was das sein sollte, da stand stattdessen »imperialistische Kaugummis« oder so was.

Dass der Kapitalismus nicht nur besiegt, sondern sogar überwunden worden war, war sicher eine gute Nachricht für die meisten Sozialismus-Freaks, aber da es mit dem Kommunismus wohl noch ein paar Wochen dauern würde, musste man ein paar Sachen hinnehmen, die das Zwischenstadium des realen Sozialismus eher mühevoll machten. Dazu gehörte das Einkaufen. Einerseits waren wir alle wunschlos glücklich, andererseits wollten wir uns doch Dinge beschaffen. Einerseits bekam man die Waren noch nicht geschenkt und tauschte sie weiterhin gegen Geld ein, andererseits gab es nichts zu kaufen und das Geld interessierte nur ein paar Studenten und Grundschüler. Erwachsene und Geschäftsleute gaben sich mit den handwerklich soliden Kupferstichen von Müntzer, Goethe, Marx und Engels, mit denen uns so etwas wie eine Währung suggeriert werden sollte, nicht zufrieden, sondern wollten lieber realwirtschaftliche Gegenleistungen oder Westgeld haben. Ähnlich desinteressiert war daher auch das Verkaufspersonal, das nur ein paar wertlose, minderwertige Waren hinter den Verkaufsraum stellte und das gute Zeug in Regalen hinter breiten Verkaufstresen oder gleich unter dem Ladentisch versteckte, bis jemand mit echter Währung das Ladenlokal betreten würde. Heute kann man sie verstehen, der Sohn brauchte eine Zahnspange, das Auspuffrohr schleifte auf dem Asphalt, natürlich brauchten auch sie reale Gegenwerte in einer surrealen Welt. Wir drangen hordenartig in die Geschäfte ein, rannten umher und bewarfen das Verkaufspersonal mit unseren Aluchips, auf denen »Mark« stand, um es zurückzudrängen und einen Blick unter die Ladentische werfen zu können, wo wir so wertvolle Dinge wie H-Milch oder Cornflakes vermuteten. Das Verkaufspersonal seinerseits wehrte sich mit kurzen Öffnungszeiten, langen Mittagspausen und dem frühen feuchten Wischen der Ladenflächen.

Wie schön stellten wir uns dagegen das Einkaufen in London vor. Hier sprangen verkaufswillige Assistentinnen auf einen zu und versuchten einem Dinge aufzuschwatzen, die zumindest wir sowieso alle haben wollten. Die Waren lagen dort auch nicht versteckt und behütet in Regalen, sondern hingen und lagen offen da, für jeden Kunden zum Anfassen und Ausprobieren. Aber das Unerklärlichste am Kapitalismus war für uns, dass so unendlich viel verschenkt wurde. Es gab Lebensmittelpröbchen, an denen man sich satt essen konnte. Es gab Werbespielzeug, mit dem man seine Freizeit verbringen konnte. Man bekam kostenlose Kugelschreiber, mit denen man Elogen über das Glück seines Lebens verfassen konnte auf kostenlosen Werbeblöcken, die man in kostenlose Werbetaschen stecken konnte. Studenten gingen durch die Kneipen und verschenkten kostenlose Zigaretten, dazu gab der Wirt Freibier aus. Und jeder bekam am Ende immer eine Plastiktüte. Im Wissen über diese Umstände waren wir uns nicht so sicher, ob unser Weg in Richtung Kommunismus wirklich der schnellste und effektivste war.

WASSERMANGEL

Ich sitze mit zwei britischen Freundinnen Lindsay und Nicky in der Küche. Wir reden über typische deutsche Duschgewohnheiten.

»Also«, sagt Nicky belehrend. »Ich glaube, die Ostler duschen sich viel weniger als die Westler. Viel weniger. Viel, viel, viel weniger. Ich glaube, dass es daran liegt, dass es zu Ostzeiten nicht so viel heißes Wasser gab.«

Lindsay und ich sehen uns skeptisch an.

»Zu Ostzeiten hatten sie heißes Wasser, Nicky«, sagt Lindsay höflich, aber entschieden. »Sie hatten Strom und Zentralheizung und heißes Wasser und so. Nur Telefone hatten sie nicht.«

Ich unterbreche. »Ich bin mir da nicht so sicher, was die Zentralheizung betrifft«, sage ich. »Aber Strom und heißes Wasser hatten sie. Bestimmt. Ich meine, denkt doch mal nach: Wenn die keinen Strom gehabt hätten, wie hätten sie die ganze Zeit Westfernsehen gucken können?«

Nicky bewegt ihr Kinn trotzig und aufsässig.

»Passt auf«, sagt sie. »Ich glaube, nur für Stasimitarbeiter und Elite-Politiker, für die gab's Zentralheizung und heißes Wasser. Sie hatten Zugang zu Edelkaffee und teurem Champagner und russischem Kaviar und alles Mögliche. Sie haben jeden Tag zum Frühstück teuren russischen Kaviar gegessen. Und sie haben die besten Wohnungen bekommen. Sie haben richtig heiß begehrte Wohnungen bekommen. Sie wohnten in heiß begehrten Wohnungen und stopften die voll mit Luxusprodukten vom Schwarzmarkt. Aber die normalen Menschen! Die Maurer und Fabrikarbeiter und die - die - die - Bergarbeiter und die Bauarbeiter - *die* haben nicht genug heißes Wasser gehabt, um sich jeden Tag waschen zu können. Sie hatten nur genug heißes Wasser für eine Dusche pro Woche. Und deswegen waschen die Ostler sich nicht so oft wie die Wessis. Es ist nicht ihre Schuld. Es ist eine Frage der Sozialisation.«

Lindsay und ich tauschen ein paar skeptische, missbilligende Blicke aus. Wenn unsere Augen sprechen könnten, dann würden sie sagen: Was für Schwachsinn!

»Also«, sagt Lindsay. »Ich weiß ja nicht, woher du diese Ideen hast. Aber ich denke, du spinnst voll, ehrlich gesagt, ich meine: Entschuldigung. Es sind doch die Ostler, die sich öfter waschen als die Westler. Sie waschen sich ungefähr zweimal so oft, manchmal fünfmal so oft. Viele Ostler waschen sich so oft wie Ausländer. Und weißt du warum? Ich weiß warum. Es ist wegen dem Duschgel. Zu Ostzeiten war das Duschgel so scheiße, dass man sich ganz oft duschen musste, um nicht zu stinken. Deswegen waschen sich die Ossis fast jeden Tag. Fast.«

Ich sehe meine zwei Freundinnen verständnislos an. SO EIN QUATSCH! Ich habe nicht so viel Quatsch gehört seitdem Sarah Palin über Außenpolitik interviewt worden ist. Das hier ist allerdings kein gefährliches Halbwissen, denke ich mir. Das hier ist einfach nur bullshitmäßiges MINUS-Wissen.

»So ein Quatsch«, sage ich. Mein Gesicht ist hart und heiß vor Empörung. »Ihr redet beide totalen Unsinn. Erstens gab es zu Ostzeiten kein Duschgel. Nicht im Osten ... nicht im Westen, nicht in England, nicht in Amerika. Es gab in den Achtzigern kein Duschgel. Wir hatten Shampoo und Seife und Bubble Bath.«

»Aber«, Nicky versucht mich zu unterbrechen, doch Lindsay gibt mir recht.

»Die Jacinta hat recht«, sagt sie. »Das war ganz neu, dass man Shampoo und Spülung in einer Flasche mit in die Dusche nehmen konnte. *Two bottles in the shower? Not me!* Ja, Duschgel gibt es erst seit den Neunzigern. Jacinta hat recht. War Quatsch von mir, das gerade eben.«

»Natürlich habe ich recht«, sage ich. »Erstens, damals gab es sowieso kein Duschgel, und zweitens, ihr redet da beide völligen Quatsch. Die Ostler und die Westler duschen gleich oft. Und zwar: ziemlich wenig. Ostdeutsche und Westdeutsche haben sich in der Tatsache vereinigt, dass sie nicht besonders oft duschen. Also, zweimal pro Woche im Sommer, einmal im Winter. Und das liegt nicht an ihrer Sozialisation! Weißt du, wie geizig meine Eltern mit dem Wasser waren? Es wurde nur zweimal pro Woche gebadet, und das Badewasser wurde von allen benutzt, und nur einmal im Monat warst du als Erste dran. Und die Badewanne war gerade mal so voll, dass deine Beine bedeckt waren. Nur so fünf Zentimeter Wasser. Meine Eltern hätten nicht geiziger sein können. Und trotzdem dusche ich mich. Weil ich MUSS. Ich muss mich duschen, sonst stinke ich. Man kann seine Erziehung immer überwinden, besonders wenn es ums Stinken geht. Aber die Deutschen – sie müssen nicht. Ost, West, da gibt es keine Unterschiede. Sie müssen nicht so oft duschen wie normale Leute. Sie stinken nicht.«

»Karl stinkt«, sagt Lindsay. Sie redet über ihren Exfreund. Der stinkt tatsächlich.

Ich seufze. »Karl gibt sich wirklich viel Mühe«, muss ich zugeben. »Er wäscht sich nicht, und seine Kleidung auch nicht. Und er stinkt tatsächlich. Er stinkt wie ein Obdachloser. Aber ein ganz normaler Deutscher? Der stinkt nicht, wenn er nicht duscht. Ich muss mich zweimal am Tag duschen, nur um so zu riechen, wie eine Deutsche, die sich kaum duscht.«

»Woran liegt das, was denkst du?«, fragt mich Nicky neugierig.

»Vielleicht haben sie so wenig Testosteron«, schlägt Lindsay vor.

»Und sie essen nie Knoblauch«, sagt Nicky.

»Oder überhaupt was Leckeres«, fügt Lindsay hinzu.

Nicky seufzt wehmütig. »Ich war so sicher, dass die Ostler sich weniger duschen würden als die Westler. Weil ich einmal eine Nacht mit einem Ostler verbracht habe und er sich am Morgen nicht duschen wollte, obwohl – ich will nicht angeben hier – obwohl wir viel geschwitzt hatten.«

Als sie das Wort ›viel‹ betont, macht sie ihre Augen groß und sehnsüchtig. »Deswegen habe ich das so gedacht.«

»Oh, man sollte nie verallgemeinern, schon gar nicht die Menschen, mit denen man geschlafen hat«, sagt Lindsay.

»Nein?«, fragt Nicky.

»Nein«, erklärt Lindsay belehrend. »Weil alle Menschen, die mit dir schlafen wollen, auch bereit sind, mit dir ins Bett zu gehen. Deswegen kann man davon ausgehen, dass sie kein typisches Bild der Bevölkerung repräsentieren.«

»Ja«, sagt Nicky, und seufzt noch mal wehmütig. »Da hast du recht.«

»Ja«, sage ich, mit einer zufriedenen Stimme. »Gut, dass wir das alles aufgeklärt haben.«

Und dann mache ich den Wasserkocher an.

Gut gekauft, gern gekauft

Die Einkaufssituation in London stellten wir uns paradiesisch vor. Natürlich ging es dabei auch um Schallplatten – damals ging es uns immer nur um die drei großen S: Schule, Sex und Schallplatten. Von dem einen hatten wir zu viel, von dem anderen viel zu wenig und vom dritten hatten wir nur das Falsche. In London gab es überhaupt alles zu kaufen: Schallplatten von allen erdenklichen Bands, massenhaft Schallplatten von uns vollkommen unbekannten Bands sowie uns vollkommen unbekannte Schallplatten von uns bestens bekannten Bands und illegale Mitschnitte von uns vollkommen unbekannten Bands. Man konnte dort einfach so in den Laden gehen und sagen: »Ein Paar schwarze Doktor-Martens, Drei-Loch-Schuhe mit Stahlkappe in meiner Größe bitte!« und der Verkäufer würde sie einem über die Ladentheke reichen, nachdem er vielleicht vorher noch gefragt hätte: »In Schwarz oder Rot, Sir?«

Wenn wir uns diese Situation ernsthaft auszumalen versuchten, liefen wir Gefahr, einen epileptischen Anfall zu bekommen. Unsere Vorstellung von Glückseligkeit bestand darin, ein altes Paar Bundeswehrstiefel zu besitzen, das ungefähr unsere Größe hatte. Wir träumten tatsächlich davon, dass uns die Glücksgöttin Fortuna bei unserem

Gang über die Müllhalde, die DDR hieß, ein Paar Bundeswehrstiefel zuwarf, das – wenn es schon nicht passte – wenigstens größer war als unsere Füße. Denn wenn die Dinger zu klein waren, mussten wir uns die Zehen amputieren lassen, was natürlich nicht im offiziellen DDR-Krankenhaus gemacht wurde, sondern in zwielichtigen Amputationskaschemmen irgendwo im Thüringer Wald, ohne Betäubung und Sterilisation, Dutzende pro Tag, Hunderte pro Woche, ohne offizielle Adresse, eine Hütte auf einem Hügel, den junge, gesunde Männer bestiegen und von dem stöhnende Lahme in Bundeswehrstiefeln, aus denen das Blut nur so herausschwappte, wieder runterkamen. Natürlich wusste die Stasi Bescheid, aber sie unternahm nichts, denn die derart Zugerichteten konnten bei Fluchtversuchen nicht so schnell laufen, was sie als Vorteil sahen. Waren die Stiefel zu groß, gab es eine ganz spezielle Technik: Man musste Kienäpfel weich kauen und die mit dem Speichel vermengte Holzmasse in die Schuhspitze stopfen, nach einer Antrocknungszeit von nicht weniger als einer Stunde (aber Achtung!: auch nicht mehr als neunzig Minuten) musste man die Schuhe anziehen und sie eine halbe Stunde einlaufen. So leicht das Ganze klingt, war es damals doch nicht so leicht. Kienäpfel waren ein begehrtes Brennmaterial sowie ein wichtiges Nahrungsergänzungsmittel in der Tierwirtschaft. Kaute man zu kurz darauf herum, machten sie nur Splitter in den Schuhen, kaute man zu lang, war der Brei nicht gut im Schuh anzubringen und schwappte ins Fußbett, was gut war, wenn man einen Plattfuß hatte, ansonsten aber die Stiefel zu wahren Folterinstrumenten machen konnte. Manche versuchten es mit Tannenzapfen, die aber zumindest in den Monaten Mai bis Oktober so tanninhaltig waren, dass das zu schlimmen

Magenschmerzen und sogar -durchbrüchen führen konnte, die nicht selten mit dem Tod endeten. Gelang das Unterfangen aber, hatte man schöne, praktisch maßgeschneiderte Bundeswehrstiefel mit einer internen Holzkappe.

Solche Techniken gab es viele in der DDR. So sammelten Jugendliche zum Beispiel gern und freiwillig den Eichensplintkäfer, der auf Eichen, Weiden, Pappeln und Kastanien zu finden ist. In der offiziellen Presse wurde dies gern als Einsatz der Jugend für den Schutz der heimischen Wälder heroisiert, aber in Wahrheit ging es darum, die rot gefärbten Flügeldecken der Rüsselkäfer zu sammeln. Wenn man die Flügeldecken von vielleicht tausend Käfern mit einem Sud von Melissenblättern aufbrühte, erhielt man eine schöne rote Farbe, mit der man zwei bis drei Menschen die Haare färben konnte, so wie man aus den flachen schwarzen Samen des tschechischen Vogelfutters Marke »Hanika« Blütendolden ziehen konnte, die sehr gut zu rauchen waren (im Unterschied zu den ganz ähnlich aussehenden Samen aus dem jugoslawischen Fischfutter Marke »Krkbk«, aus denen giftige Farne wuchsen; beide Tierfuttersorten wurden in zum Verwechseln ähnlichen dunkelbraunen Pappwürfeln mit blassrotem Aufdruck verkauft).

Was für ein wunderschönes Leben musste es dagegen in London sein! Wenn man morgens beschloss, New Romantic zu werden, ging man einfach in den Laden »New Romantic and more«, kaufte sich ein paar weiße Hemden mit Rüschenbesatz, ein paar schwarze Hosen und eine Büchse weißer Gesichtsschminke. Stand einem am nächsten Tag der Sinn nach Punk, musste man nur eine Haustür weiter in »Punk etc.« das Zubehör einkaufen. Bei »Ye olde Skinhead-shoppe« gab es Baseballschläger aus Aluminium und in »Popper's paradise« Haarcreme und Glitzersternchen.

Wir hingegen dilettierten, improvisierten und pseudofachsimpelten. So gab es eine ganze Armee von Experten, denen Bomberjacken von *Alpha Industries* zu poppig waren, weil nur die von *MA 1* die eigentlichen Bomberpiloten-Jacken der US Air Force aus dem Zweiten Weltkrieg waren, oder die *Doc Martens* von *Griggs* nicht gut fanden, weil nur die originalen, damals noch in Deutschland von Dr. Klaus Martens hergestellten Schuhe die eigentlichen waren. Dazu trugen diese Experten Ost-Anoraks und Essengeld-Flitzer, das waren Gummiturnschuhe, die so hießen, weil ihr Ladenpreis mit 2,45 Ostmark genau einer Woche Schulessen entsprach. Aber mit ihrer snobistischen Haltung hatten sie eine gute Erklärung dafür, warum sie nicht bereit waren, sich auf faule Kompromisse einzulassen. Eine komplett andere Haltung als Experten hatten die »Geier«, die sich über solche Feinheiten keine Gedanken machten, sondern einfach das »ruppten«, was sie zu ihrem Aussehen haben wollten. Das »Ruppen« war eine praktische und preiswerte Angelegenheit, allerdings für die Opfer deutlich weniger erfreulich, wenn man sich in einer Winternacht barfuß und in Unterwäsche auf den Heimweg von der Disko machte.

Wir konnten uns zwar nicht vorstellen, wie jemand in London überhaupt noch Brot und Butter kaufen konnte mit einem Geld, für das man auch eine Bomberjacke oder ein Paar echte Chucks hätte kaufen können. Die einzige Möglichkeit für uns, in diesem London am Leben zu bleiben, wäre gewesen, uns ein eventuelles Gehalt teilweise in bar und zum anderen Teil in Essensmarken auszahlen zu lassen. Wieso diese Menschen sich nicht in einem Zustand dauernder Glückseligkeit befanden, blieb unverständlich und rätselhaft.

WESTPAKETE AUS DER ZUKUNFT

»Ich hatte eine beschissene Kindheit«, erkläre ich meiner Freundin Jana. Sie sieht mich skeptisch an.

»Du hattest eine beschissene Kindheit?«, fragt sie.

»Ja«, sage ich. »Ich hatte so was von voll die beschissene Kindheit.«

»Ah so, Jacinta«, sagt sie. »Erzähl mir was davon.«

»Also«, sage ich. »Ich hatte keine Barbies. Meine Mama war fest davon überzeugt, dass sie mich feministisch erziehen sollte. Und deswegen hatte ich keine einzige Barbie. Nicht eine einzige. Das war voll grauenvoll für mich. Das war echt schrecklich. Ich bin voll davon traumatisiert und so.«

»Ich hatte auch keine Barbies«, sagte Jana.

»Hmmmmmn«, sage ich mitleidsvoll. »Aber du warst ja sowieso im Osten. Niemand hatte Barbies bei euch. Stell dir vor, wie das war, das einzige Mädchen in der Klasse zu sein, das keine Barbie besitzt. Bei euch war das kein Ding. Niemand hatte eine Barbie. Ihr habt alle so FDJ-Jojos gehabt, oder? So FDJ-Jojos. Aus Holz. Und solche Sachen. Ernst-Thälmann-Bumerangs. Und, ähm. Bilder von Honecker statt Pokemon-Karten. Oder? Für *mich* war's echt grauenvoll und traumatisierend. Das einzige Mädchen ohne Barbie. Du weißt nicht, wie das war.«

»Doch, doch. Ich habe manchmal Westfernsehen geguckt«, sagt Jana. »Und einmal, zu Weihnachten, habe ich meine Oma nach einer Barbie gefragt. Ich wusste nicht, dass es das, was in der Westwerbung zu sehen war, bei uns nicht gab.«

Jedes Mal wenn ein Ostler mir erzählt, dass er heimlich Westfernsehen geguckt hat, krabbelt meine ganze Haut vor Aufregung und Neugier.

»Du hast Westfernsehen geguckt?«, frage ich, total unschuldig und unbekümmert.

»Ja«, sagte sie, »und da habe ich all die Barbies gesehen, die ich niemals geschenkt bekommen würde. Nee, nee, nee, wegen ein paar Barbie-Puppen kannst du mir jetzt nicht mit einer beschissenen Kindheit kommen.«

»Weißt du, was in meiner Kindheit noch total scheiße war?«, frage ich. »Ich bekam niemals Geschenke von meiner Patentante oder meinem Patenonkel. Niemals. Nicht zu Weihnachten. Nicht zu Ostern. Nicht zum Geburtstag. Nie. Niemals. Nicht einmal. Das war total unfair.«

»Warum hast du keine Geschenke von deiner Patentante oder deinem Patenonkel bekommen?«

»Ja, weil wir nicht christlich waren, weil ich kein Patendingsbums hatte! Aber ich fand's so unfair. Meine Cousinen bekamen immer doppelt so viele Geschenke wie ich. Oder dreifach. Die Cousinen von mir hatten so was von großzügigen Patendingsbums. Total unfair. Du kriegst voll *viele* Geschenke, wenn man so was hat. Du hast deine Patentante und dann deinen Patenonkel, und dazu noch die Patentante und den Patenonkel deiner Geschwister. Voll viele Geschenke. Auf die ich verzichten musste. Total unfair! Manchmal frage ich mich, ob ich nicht nur zum Christentum konvertiert bin, um mehr Geschenke zu bekommen.

Ich habe dir erzählt, dass ich mit acht konvertiert bin? So ein amerikanischer Großprediger von den Evangelikalen war schuld. Der hat von der Hölle erzählt und ich dachte mir, dass ich lieber auf Nummer sicher gehen sollte. Aber manchmal glaube ich, dass mich unbewusst eher meine neidischen Gefühle auf die Geschenke meiner Cousinen dazu gebracht haben. Als ich mitgekriegt habe, dass ich als neue Christin nicht automatisch mehr Geschenke bekomme, habe ich aufgehört, zur Kirche zu gehen. Ich war nicht sehr lange christlich. Sechs Monate oder so. Manchmal denke ich, dass ich echt so simpel bin. Ich werfe mir das selbst vor.«

»Na klar«, sagt Jana. »Du hast kurz mit dem Christentum rumgespielt, aber dann, als die Geschenke ausblieben, hast du ganz schnell damit aufgehört. Na klar. Ich sehe dir das an.«

»Meine Cousinen waren aber auch neidisch auf mich«, gebe ich zu.

»Warum?«, fragt Jana.

»Weil ich nicht zur Sonntagschule gehen musste.«

»Sonntagsschule? Was ist das?«

»So in der Kirche, eine Sonntagsschule.«

»Ach so, der Kindergottesdienst.«

»Ja, aber sie lernen da, wer Mary war und wer Jona mit dem Wal und so einfache Versionen der Bibelgeschichten und so. Sie lernen richtig. Ist schon eher wie Schule.«

»Ach so«, sagt sie. »Ja, ich kenne das, so wie in Amerika, Bible Study und solche Sachen.«

»Genau«, sage ich. »Also, ich musste nicht zur Sonntagsschule, und deswegen waren meine Cousinen auf mich neidisch, aber die haben immer ganz viele Geschenke von ihren

Patenleuten bekommen, und deswegen war ich wiederum ganz neidisch auf sie.«

Meine Freundin Jana sieht mich eine Weile schweigend an. Dann explodiert sie plötzlich:

»Du hast keine Ahnung, Jacinta Nandi, was eine beschissene Kindheit ist! Ich hatte eine beschissene Kindheit! Wir hatten keine Barbies! Wir hatten nix, was Spaß macht! Ich hatte keine Patentante! Ich hatte keinen Patenonkel! Noch schlimmer: Ich hatte keine Westverwandten! Wir bekamen nie Westpakete! Und ich musste trotzdem am Samstag zur Schule! Um richtig zu lernen! Das war ... total beschissen.«

Ich sehe Jana mitleidig an.

»Du musstest am Samstag zur Schule? Du hattest keine Westverwandten?«, frage ich. »Du hast niemals Westpakete bekommen?«

»Ich - habe - nie - mals - West - pakete - bekommen!«, sagt sie: monoton, wütend, leise.

»Ach, du Arme«, sage ich. Jetzt ist nicht der richtige Zeitpunkt, ihr zu erzählen, wie hässlich mein Roland-The-Rat-Schulbrotkästchen gewesen war, merke ich gerade noch rechtzeitig.

»Das tut mir leid für dich«, sage ich.

Ein Liebhaber von mir hat mal gesagt, dass seine Westpakete wie Pakete aus der Zukunft waren. Wie kleine Pakete, die durch eine Zeitmaschine gereist sind. So war's für ihn gewesen. Na ja.

Und ich habe auch mal einen One-Night-Stand mit einem sehr klugen Mann gehabt, Physiker oder so was Ähnliches, er versuchte mir zu erklären, warum man wahrscheinlich doch davon ausgehen müsse, dass wir niemals mit Zeitmaschinen rumfahren können. Ich finde, man sollte seine One-Night-Stands immer mit intelligenten Männern haben, denn beim Small Talk vor dem Vögeln lernt man dann noch ein bisschen was. Und dieser One-Night-Stand-Physiker war sehr klug und sehr überzeugend. Allerdings weiß ich nur noch: Das Hauptargument gegen die Zeitmaschine war nicht, dass sonst Menschen aus der Zukunft schon mal hier aufgetaucht wären. Das war's nicht. Es war viel überzeugender. Ich habe es nur vergessen ..., ich war damals voll besoffen.

Aber trotzdem: Vielleicht werden wir irgendwann in der Zukunft doch Pakete zurück in die alten Zeiten schicken können. Nicht Menschen – aber Pakete. Ich würde gerne ein Paket zurückschicken können. Ich würde sofort, wenn diese Paketzeitmaschine erfunden würde, ein Paket abschicken. An meine Freundin Jana. Ich stelle mir vor, was ich ihr alles schicken würde. Mini-Babybels. Avocados. Lidl-Kaviar. *Heinz*-Ketchup. Mayo. Bestimmt haben sie keine Mayo gehabt. Eine Büchse Sardellen. Bestimmt hatten sie keine Sardellen. Marmite. Mmmmnn, Marmite. In Deutschland ist Marmite heutzutage schwer zu finden – ich muss es wissen, ich suche es oft genug –, also damals hatten sie es bestimmt nicht. Skips. Eine Packung Skips. Skips sind Chips, die nicht knacken, sondern im Mund schmelzen. Es ist das leckerste Essen, was es überhaupt auf dieser Welt gibt. Immer wenn deutsche Leute über die angeblich mangelhafte britische Küche lästern, denke ich an Skips und koche heimlich vor Wut. Leute, die niemals Skips probiert haben, dürfen einfach keine Meinung zur britischen Küche äußern. Vielleicht auch Quavers and Monster Munch? Mmmmmmn. Und Mandelpastete aus dem Bioladen. Ein Glas Mango-Chutney. Und echter scharfer britischer Senf.

In den Achtzigern haben wir in England manchmal Pakete für arme Menschen zusammengestellt, beim Erntedankfest. Meine Mama hat dann die billigsten gebackenen Bohnen ausgesucht, für unsere Pakete. »Das wird denen genauso gut schmecken, wie die teuren Beans«, hat sie immer gesagt. »Weil sie arm sind. Sie haben keine Ahnung.« Das wäre das Schöne dran, wenn man Pakete in die Vergangenheit schicken könnte. Man würde richtig viel ausgeben wollen. Damit die Technik sich lohnt und so. Also, jetzt nicht super viel. Aber Lidl-Kaviar und Marmite. Das ist schon drin.

»Kannst du mir mal deine Postadresse von damals, zu Ostzeiten, geben? Falls sie in der Zukunft jemals so eine Zeitmaschine erfinden, womit man Pakete zurück in die Vergangenheit schicken kann, dann will ich dir was schicken«, sage ich. »Wenn sie das erfunden haben.«

»Ja«, sagt sie. »Okay. Aber bitte schick mir keine komischen britischen Sachen. Ich will keine Gläser Pfefferminzsoße oder so was.«

»Okay«, sage ich. »Versprochen.« Aber ich sage das nur, um höflich zu sein, um Stress zu vermeiden, um ein einfaches Leben zu haben. Eigentlich habe ich voll vor, ihr Marmite und Mango-Chutney zu schicken, in den Westpaketen aus der Zukunft. Eigentlich habe ich das total vor.

Nur unsere Herzen, die konnte niemand reparieren

Über Kuba lacht die Sonne, über uns die ganze Welt. Nicht einmal dieser Spruch stimmte ganz, denn wer kannte uns denn schon? Na gut, die anderen Ostblock-Flöten ahnten, dass es uns gab, das grauere, kleinere, das falsche Deutschland. Wir waren das Deutschland mit dem falschen Geld, ohne lesbare Zeitungen, der etwas andere Wirtschaftspartner. Unser Land war geteilt, unsere Sehnsucht riesengroß.

Und wenn angesichts dieser Lebensumstände keiner an einen Gott glauben wollte, zudem der Glaube an diesen Gott die Lage, in der man sich ohnehin schon befand, noch verschlechtert hätte, so glaubten wir doch an das Konzept der Reparatur. Wir glaubten daran, dass nichts auf der Welt so kaputt ist, dass es nicht repariert werden könnte, dass es nichts gab, für das es keinen Bauplan gibt, dass alles irgendwie in Ordnung gebracht werden könnte, wenn man nur die richtigen Ersatzteile hatte.

Das war unsere Religion und praktisch alle waren ihr verfallen. In jedem Haushalt gab es Schraubenzieher, Rohrzangen und einen Hammer sowie den festen Glauben, dass man mit Zeit und Geduld mangelndes Geschick und andere Schläge des Schicksals locker überwinden könnte. Wir betrachteten unsere Lebenszeit so wie unser Geld, wertloses Zeug, dass zehnmal weniger wert war als der richtige Stoff. Wenn man zwei Stunden arbeiten musste, um das Loch in einer alten Plastetüte von *ALDI* zu schließen, war das die Zeit allemal wert. Fünf Stunden anstehen für eine Zündkerze für den *Trabant* und sich danach noch mal hinten anstellen, weil pro Person nur eine Zündkerze abgegeben wird, auch wenn man kein Auto und noch nicht mal einen Führerschein hat - kein Problem.

Wenn der von einem japanischen Roboter zusammengesetzte Kassettenrekorder kaputt war, vollkommen kaputt, dann bedeutete das für den Besitzer nicht etwa, das fünfzehn Jahre alte Gerät mit einem bedauernden Zucken der Schultern zu entsorgen. Auf keinen Fall! Hätte man ihn in den Müll geschmissen, hätte er dort keine Sekunde lang gelegen, bevor ihn verwunderte Augen gesehen, gierige Hände gegriffen und plappernde Münder das Gerücht verbreitet hätten, in dem und dem Haus würde ein Irrer leben, der sich vermutlich in Vorbereitung seines Selbstmordes von wertvollen Gütern trennt. Nein, war der Rekorder kaputt, bedeutete das, dass man den Rekorder aufschraubte, die einzelnen Bauteile prüfte, den selbstverständlichen Lötkolben in das beschwerlich besorgte bernsteingelbe Kolophonium tauchte und das Gerät verdammt noch mal reparierte.

Im Übrigen spielte Design keine Rolle, nur Funktionalität. Wie das Ding hinterher aussah, war eigentlich vollkommen egal, solange es funktionierte. Und so war es keine Seltenheit, wenn die Geräte nach ihrer Reparatur aussahen, als ob sie an seltsamen Krankheiten litten. Buckel aus Kupferdrahtspulen wuchsen aus dem Gehäuserücken, blanke Drähte schauten aus den Lautsprecherlücken, krude Russenstecker lugten aus dem Batteriefach.

Das Wissen darüber, wie man Dinge aus dem Westen reparierte, wurde von einigen Weisen gehütet und von Generation zu Generation weitergegeben. Ostgeräte wurden mit Bauplan ausgeliefert, bei den Westgeräten war das unüblich. Im Osten versuchte man die Kunden mit einem lebenslangen Radio oder einer ewigen Waschmaschine zu beliefern, die Konzerne im Westen wollten, dass die Verbraucher sich im Schadensfall neue Geräte kauften. Aber das war für uns keine Option. Selbst in den Ostfabriken schraubten sie die Westgeräte auseinander, um sie nachzubauen. Einige der Hersteller versuchten sich gegen den osteuropäischen Hang zu Reparatur und Nachbau zu schützen, indem sie wichtige Bauteile auf Federn gelagert einbauten, die einem beim Öffnen des Gehäuses dann entgegensprangen. Doch die Weisen wussten natürlich, bei welchen Geräten das der Fall war, wie man dem vorbeugen konnte und wie man die herausgesprungenen Bauteile fachgerecht wieder einsetzen konnte. Da es kein Internet, aber auch keine richtigen Fachzeitschriften gab (»Der Westgeräte-Bastler« hätte Rekordauflagen erzielt, war aber aus politischen Gründen nicht machbar), traf man sich in Bastelgruppen und tauschte hier sein Wissen aus.

Einige der Weisen waren äußerst schwer zu finden, schon ihre Adressen wurden gegen Waren gehandelt. Der Mann, der sogenannte Einwegfeuerzeuge aus dem Westen für eine Mark wieder füllte, war zum Beispiel immer Dienstag zwischen vier und fünf am Zeitungskiosk auf dem Bahnhof Ostkreuz anzutreffen. Wir hatten ja keine Drogenhändler, aber solche Treffen kamen schon richtigen Deals nahe. Jemand anders baute angeblich Anrufbeantworter, aber das konnte auch nur ein Gerücht sein, um wiederum jemanden anders am Kauf einer Zylinderkopfdichtung für einen Wartburg zu hindern.

Die Päpste dieser merkwürdigen religiösen Strömung aber hatten eigene Ladengeschäfte. Diese hießen immer »Elektro-Name«, wobei der Name Müller, Meier oder Schulz sein konnte. In »Elektro-Name« saß dann Herr Name, ein Mann zwischen Ende vierzig und Anfang sechzig, der einen blauen Nylonkittel und eine Halbbrille trug. Herr Name war ein weiser, immer etwas schlecht gelaunter Herrscher, der keine Öffnungszeiten hatte, sondern Audienzen gewährte. Er betrieb sein Geschäft auch nicht aus Gewinnstreben, sondern aus Mildtätigkeit und war auch so anzusprechen.

Man brachte ihm das kaputte Gerät, erläuterte in unterwürfigem Tonfall seine Fehler und den Verlauf der eigenen, gescheiterten Reparaturbemühungen, bis Herr Name durch eine Handbewegung zum Schweigen gemahnte. Dann schaute er über seine Halbbrille hinweg den Kunden kritisch an, nahm das Gerät und schaute noch kritischer. Dann sagte er Sachen wie »Oh, oh, oh!«, »Was haben Sie denn da gemacht?« oder »Na Mahlzeit!«. Dann sagte er, dass es nicht einfach und nicht ganz billig werden würde, schrieb etwas auf einen Zettel, den er dem Kunden gab, und mit dem Zettel konnte man eine Woche später wieder nach seinem Gerät fragen.

Herr Name war eine Autoritätsperson. Keckes Auftreten oder Fragen wie »Geht das nicht früher?« waren nicht gerade hilfreich. Herr Name schmiss einen auch aus dem Laden auf Nimmerwiedersehen, das war ihm egal, er hatte sowieso immer mehr als genug zu tun. Und wenn Herr Name das Ding repariert hatte, dann gehörte es auch ein bisschen ihm und er borgte es dem Kunden zurück. »Ich habe die

Transistoren noch mal durchgepustet und eine neue Neunerspule am Poti montiert«, waren so Sachen, die einem Herr Name in das unwissende Gesicht sagte. Man hatte dann zu nicken und anzuerkennen, dass hier ein Fachmann Dinge vollbracht hatte, die selbst für einen Fachmann erstaunlich waren. Nicht selten reinigte Herr Name auch irgendwas und tadelte dafür seine Kunden, denn – he! – reinigen konnten die doch wohl eigentlich auch. In Demut nahm man sein Ding zurück, zahlte jeden Preis und verließ den nach Lötkolben und Ampere riechenden Laden.

Nur wenn das Ding definitiv kaputt war, wenn der Apparat absolut am Ende, das Modul mehr als hoffnungslos und selbst Herr Name es nicht mehr für möglich hielt, dass hier jemand was löten könnte, er – der Meister aller Lötkolben-Klassen, dann sagte Herr Name einen Satz, der einem Todesurteil für Geräte gleichkam: »Da können Sie nur noch einen Henkel dranschweißen und das Ding wegschmeißen.«

Häufig dachten wir an London, wenn uns Dinge kaputtgingen. Was passierte in London, wenn Dinge kaputtgingen, jenem schönen Ort in der westlichen Welt, aus dem die BBC stolz stündlich »This is London!« sendete. Denn auch da mussten Dinge kaputtgehen. Vielleicht gab es in Großbritannien Zeitschriften wie »Radio Repairman Weekly« oder »The Monthly Grease Monkey«. Und neben den Schnittmusterbögen für die Frauen lagen in den Kiosken Baupläne für elektrische Zahnbürsten aus. Und die Herr Names dort hießen Mr. Johnson oder Mr. Wilbirshire, waren unendlich freundliche ältere Männer mit einem sehr gepflegten Bart, einem speziellen Hut, einem Rassehund und immer den richtigen Ersatzteilen zur Hand. Vielleicht gab es sogar riesige Läden für Ersatzteile wie den »Spare parts supermarket«, in denen man alles kaufen konnte: bernsteinfarbene Köpfe für die Gangschaltungen von *Ladas*, Rollgurte für *Trabants*, Ersatzmixstäbe für das Rührgerät RG 28.

So ein London, das wäre der Ort gewesen, wir wären schon dankbar gewesen, da mal einen Tag durch die Mülltonnen stöbern zu dürfen.

SPORT UND GESUNDHEIT

Sie verglichen uns immer mit den vertrocknenden Ästen an einem Baum, die schließlich auch irgendwann abgeschnitten werden würden

Was wir vom englischen Gesundheitssystem zu sehen bekamen, beeindruckte uns enorm. Die Patienten kamen in riesigen Krankenwagen mit Hunderten Blaulichtern oder gleich mit dem Hubschrauber im Krankenhaus an und wurden von aufgeregten Trupps von Hightech-Medizinern schnell in die Notaufnahme gefahren, Räume, die aussahen wie Technologie-Labors der Zukunft. Mit allerlei Maschinen wurden den Patienten daraufhin in Sekundenschnelle drei neue Organe transplantiert, vier Knochenbrüche geheilt, das gesamte Blut ausgetauscht und per Magensonde das qualitativ minderwertige Mittagessen von zu Hause gegen ein schmackhaftes Vollwertmenü ausgetauscht. Dann wurden sie in die Abteilung gebracht: Hier lagen vollkommen gesund aussehende, stark geschminkte und perfekt ondulierte Menschen in frischen weißen Betten und wurden besucht von Filmstars in weißen Kitteln, die freundliche Gespräche mit ihnen führten und gelegentlich sogar Liebesaffären mit ihnen eingingen. Zur Behandlung bekamen die Patienten wunderschöne Tabletten in den verschiedensten Farben des Regenbogens oder goldgelbe Flüssigkeiten aus schön geformten Plastikbecherchen, die sie tranken wie Schnaps und danach sofort wegwarfen. Die

Ehemänner oder die Mütter kamen zu Besuch, brachten irgendwelche Geschenke oder Kuchen vorbei, öffneten den Kranken das Fenster zum sonnigen Tag oder gingen mit ihnen im großzügig angelegten Park des Krankenhauses spazieren. Nach einigen Monaten der Erholung hatten die Patienten dann gewissermaßen ein Einsehen in ihr Gesundsein und tanzten im Walzerschritt aus der Klinik, nicht ohne vorher dem Arzt und den Schwestern ein kleines, selbst gebasteltes Geschenk überreicht zu haben. War man aus dem Krankenhaus heraus, hatte man die Wahl zwischen dem Stadtarzt mit der geräumigen Praxis, der immer ungeheuer interessiert an der Familie und den persönlichen Problemen war, oder dem Landarzt, der Tag und Nacht im Auto zu seinen Patienten fuhr, um mit ihnen Kaffee zu trinken und danach den Blutdruck zu messen, der sich durch das Kaffeetrinken womöglich schon verbessert hatte. Das hieß, wenn es überhaupt noch Platz an der Kaffeetafel gab, an der schon der Pfarrer, der Tierarzt, die gute Freundin von nebenan und der Dorfpolizist saßen.

Natürlich war uns klar, dass in den Fernsehfilmen nicht die ganze Realität abgebildet wurde, schließlich war der Film ein wichtiges Mittel der Propaganda. Diese Filme stellten natürlich dar, wie man sich die Realität erhoffte oder wie man sich eine sehr schöne Realität vorstellen würde. Uns war schon klar, dass die Ärzte und Schwestern in den Filmen tatsächlich Filmstars waren und ebendeshalb auch so aussahen.

Aber bei uns war das nicht mal ein Ideal. Bei uns war es ein Ideal, dass die Ärzte gelegentlich ihre Hände wuschen und die Schwestern nicht grundlos auf die Patienten einprügelten. Denn es war den Machthabern zwar gelungen, die Bürgerlichkeit aus der DDR zu entfernen, doch gerade für kranke Menschen war das nicht immer nur angenehm.

Zunächst ergab sich überhaupt die Frage, was ein kranker Mensch war. Diese Einstufung übernahm eine Klassifizierungsschwester, die in einer der großen Baracken vor den alten Krankenhausgebäuden ihren Dienst versah. Die »KlaSchwe«, wie sie abgekürzt hieß, hatte die Aufgabe, die Kranken von den Gesunden zu unterscheiden. Schon am frühen Morgen bildeten sich Schlangen vor ihrer Dienstbaracke, dann öffnete die übellaunige Gemeindeschwester ihren Holzverschlag und die Kranken mussten sich mit ihrem Anliegen vorstellen. Es war nicht nur so, dass es keinen Hubschrauber gab, es gab überhaupt kein Transportmittel für Kranke, weder Auto noch Handwagen noch Schubkarre. Ein Kranker war definiert als »ein Mensch, dessen Arbeitsfähigkeit so stark eingeschränkt ist, dass sein pflichtgemäßer Beitrag zur Erfüllung des Fünfjahrplanes nicht gesichert ist und dessen Arbeitsfähigkeit durch Maßnahmen des sozialistischen Gesundheitswesens wiederhergestellt werden kann.« Konnte jemand nicht mehr selbst gehen oder war zu alt, um sich zur KlaSchwe zu schleppen, war er nicht krank, sondern gebrechlich und das Gesundheitswesen fühlte sich für ihn nicht zuständig.

Der Besuch bei der Klassifizierungsschwester war so etwas wie eine Musterung für die Nationale Volksarmee. Die Kranken versuchten ihre Leiden zu übertreiben und die KlaSchwe hielt eigentlich jeden für einen Simulanten. Viele der englischen Erkrankungen wie Kopfschmerzen, Allergien, Diabetes und dergleichen gab es deswegen nicht in Ostdeutschland, weil man mit solchen Symptomen niemals einen Patientenpass bekommen hätte. Knochenbrüche waren relativ sicher, zumindest wenn große Knochen betroffen waren, ebenso Nierensteine und Platzwunden. Hautkrankheiten sollten gut sichtbar sein und möglichst eitern, eine kleine nässende Wunde reichte nicht aus. Gürtelrose ging praktisch immer, Geschlechtskrankheiten waren eigentlich auch sehr gut anerkannt. Vielleicht gab es auch psychische Erkrankungen, diese wurden aber immer von der KlaSchwe sofort versorgt, indem sie den Patienten mit »Nun reißen Sie sich mal zusammen!« anherrschte. Je nach freien Betten war die Ablehnungsquote um die sechzig bis achtzig Prozent.

Mit dem Patientenpass konnte man dann weiter ins Krankenhaus durchgehen und war nun endlich Patient. Doch damit fing das Leid überhaupt erst an. Denn jetzt ging der gnadenlose Wettkampf los, den Schwestern und Ärzte führten mit dem Ziel, einen so schnell wie möglich wieder aus dem Krankenhaus zu werfen. Zunächst kam man meist zur Jod-Schwester. Diese hatte die Aufgabe, alle betroffenen Partien mit Jod einzupinseln. Eigentlich war der Job mal entstanden, um offene Wunden besser zu behandeln, aber da so viele Patienten offene Wunden hatten und es ohnehin nicht so viele Medikamente in der DDR gab, saßen bald überall die Jod-Schwestern und pinselten mit großer Fingerfertigkeit die Patienten mit brauner Jodlösung ein. Danach ging es weiter zum Wickelpfleger, der einen mit Krautwickeln versorgte. Dazu fragte er nach der Symptomatik und zog dann die Krautwickel entweder aus einem Eisbad oder aus einem dampfenden Kochtopf hervor, um sie nach einem ausgeklügelten System an den verschiedenen Stellen des Körpers anzubringen. Hatte man beispielsweise eine Erkältung, dann bedeutete dies, dass die Hitze im Kopf saß und nach unten ausgeleitet werden musste. Das hieß, dass man eiskalte Krautwickel um den Hals und auf die Stirn bekam und dafür glühend heiße um die Waden. Für jede Krankheit hatte der Wickelpfleger ein eigenes Rezept. Unangenehm wurde es nur, wenn der Wickelpfleger die heißen Wickel genau auf eine Stelle legen musste, die zuvor von der Jod-Schwester großzügig behandelt worden war. Das konnte dann recht schmerzhaft sein. Wickelpfleger waren so eine Art Zwischenstufe zum Arzt. Diese wiederum durchleuchteten einen oft mit einer sehr großen, sehr hellen Glühbirne, über die man gelegt wurde. Zwar hatten unsere Ärzte nicht so viel Technologie wie Röntgen oder Ultraschall, dafür waren sie in den traditionellen diagnostischen Künsten viel weiter. So machten sie kleine Einschnitte an der Brustdecke, um die Herzkranzgefäße beim Infarkt zu begutachten, konnten mit dem Hörrohr die Nierentätigkeit beurteilen und hatten ungeheuer ausgefeilte Klopftechniken, um den Gefäßstatus bei einem Schlaganfall zu überprüfen.

Die Therapien waren sehr beschränkt. Außer Jod gab es noch Sepso, eine Lösung, die aber auch Jod war. Sehr häufig war auch die Behandlung mit Medizinbällen, große, schwere Lederungetüme, mit denen so etwas wie Physiotherapie praktiziert wurde. Dann gab es noch eine Art homöopathischer Lösung aus dem hochverdünnten Unkrautvernichtungsmittel »Wegerein« mit Arnika-Extrakten, das eigentlich gegen die meisten bakteriellen Erkrankungen half, und Operationen. An diese Operationen war schwer ranzukommen, weil sie nur von wenigen Spezialisten gemacht wurden und immer sehr lange dauerten. Sie entsprachen eher Expeditionen durch den Körper des Patienten. Der Operateur begann irgendwo mit dem Einschnitt und arbeitete sich dann durch die verschiedenen Organe und Körperschichten. Was er tat und was er ließ, entsprach dabei sehr dem persönlichen ästhetischen Empfinden des Chirurgen. Zwar war in der DDR die Technik des Buchdrucks prinzipiell bekannt, doch die wenigen Papiervorräte wurden für Parteitagsdokumente und das *Neue Deutschland* verbraucht, sodass es keine Lehrbücher der Chirurgie gab, die das Wissen von den Lehrern an die Schüler weitergaben. Daher war das, was während einer Operation passierte, sehr stark regional geprägt. Einerseits war diese regionale Prägung auch schön und stärkte die Heimatverbundenheit, andererseits war man gut beraten, sich mit einer Magenblutung nicht im Raum Suhl behandeln zu lassen, während man eine Blinddarmentzündung lieber nicht in Neubrandenburg operieren ließ, wo ein einflussreicher Chefarzt arbeitete, der Blinddarmentzündungen für eine hypochondrische Zivilisationsmarotte hielt. Chefarzt Hanecke war vielleicht fachlich nicht besonders gut, aber ein hohes Tier in der Partei, sodass ihm niemand zu widersprechen wagte.

Der wesentliche Bestandteil des Placeboeffekts in Ostdeutschland war die Angst, dass man als Patient alles dafür tat, um den Ärzten und Schwestern schnellstmöglich wieder zu entkommen. Wer auch nur eine Nacht im Männersaal des Krankenhauses zugebracht hatte, ein Saal groß wie eine Turnhalle, in dem Hunderte Männer auf Strohmatten nebeneinanderlagen, die Tuberkulose-Kranken neben den frisch Operierten, Patienten mit Magenblutungen neben solchen mit frischen Herzinfarkten, der wird verstehen, dass es nicht nur die Brotsuppe und der Brennnesseltee waren, die einem den Aufenthalt dort vergällten. Wenn morgens um halb fünf die Stimme der Oberschwester zum Morgenappell rief und alle Patienten ihre sauber gemachte

Bettstatt und ihre frisch zusammengelegte Kleidung präsentieren mussten, dann träumte jeder davon, zu Hause wieder einmal bis 6 Uhr ausschlafen zu können.

Konnte man das Krankenhaus tatsächlich wieder verlassen, übernahm der Hausarzt die Weiterbehandlung, wobei das Kennzeichen dieses Arztes war, dass er in einem Haus saß, das er niemals verließ. Dennoch war es ungeheuer schwer, einen Termin dort zu bekommen. Für Westgeld oder wenigstens Westschokolade war es kein Problem, aber wer über solche Schätze nicht verfügte, der musste schon mindestens ein Schwein schlachten und der Sprechstundenhilfe einige Dutzend Gläser Sülzwurst vorbeibringen, wenn er überhaupt noch im selben Monat drankommen wollte. Die Sprechstundenhilfe hatte damals vor allem die Aufgabe, die ganzen Naturalien in die Lagerkeller zu schaffen und im Tauschhandel bestimmte andere Güter zu erwerben. Das Terminmanagement war hingegen nicht so ausgeklügelt wie heute. Man bekam einfach eine Woche genannt, in der man womöglich drangenommen werden würde, und musste sich dann am Montagmorgen dieser Woche einfinden, in der Hoffnung, irgendwann bis zum Freitag dranzukommen. Mehr Informationen gab es nicht und es war absolut verboten, sich auch nur ein einziges Mal aus der Warteschlange zu entfernen. Kam man zurück, stand dort schon die triumphierende Sprechstundenhilfe, um einem mitzuteilen, dass man gerade leider in der Sekunde davor dran gewesen wäre, als man ja offensichtlich Besseres zu tun gehabt habe. Es gab kein Entrinnen, weil einen auch die anderen Patienten aus der Warteschlange verpfiffen, die selbst früher drankommen wollten, und man konnte nicht dagegen vorgehen, weil es ja nicht nachweisbar war, dass man nicht in der Minute dran gewesen wäre, als man gerade mal kurz nach seiner alten Großmutter geschaut hatte.

Ein Gesundheitssystem wie in London konnten wir uns einfach nicht vorstellen. Wir alle wären in diese lichtdurchfluteten Krankenhäuser geflohen und hätten die schönen bunten Tabletten aus den Händen der wunderschönen Krankenschwestern nur allzu gern gegessen. Es war rätselhaft, wie es der englischen Regierung gelang, überhaupt so viele Bürger auf den Straßen zu halten. Es war schöner einen Tag in London krank zu sein, als zehn Jahre Gesundheit bei uns.

DR. JENNER UND DIE MILCHMAGD

Als mein Sohn noch ein Baby war, wohnte ich im Friedrichshain in der Rigaer Straße, aber nicht an dem Ende, wo die besetzten Häuser sind, sondern da, wo der Plus-Laden war. Jetzt ist daraus ein Bio-Supermarkt geworden, glaube ich. Aber damals war das ein Plus. Also, ich wohnte in der langweiligen Ecke, meine ich. Und ich konnte den Namen der Straße nicht aussprechen. Immer, wenn ich ein Taxi in die Rigaer Straße bestellen wollte, endete es damit, dass die Taxivermittlerin verzweifelt sagte: »Es gibt überhaupt keine Straße unter diesem Namen in Berlin!« Dann fing ich an mit: »Richard, Ida, Gert, Anton, Email, und wieder Richard.« Das dauerte lange und es war erniedrigend für mich. Später bin ich dann immer zu einer Nachbarin gegangen und fragte sie, ob sie für mich ein Taxi bestellen könnte. Sie hat sich gefreut, das zu tun. Sie sagte dann immer: »Guten Tag, meine ausländische Nachbarin will ein Taxi bestellen.« So war das. Seitdem ich in der Flughafenstraße wohne, ist alles viel besser. Ich kann Tausende von Taxis bestellen.

Meine Nachbarin von damals hieß Jette. Sie war wie ich alleinerziehend. Ihr Kind war ein Jahr älter als meins und schon in der Kita. Aber abends, wenn die zwei nach Hause kamen, haben sie bei uns geklingelt und dann haben die

Kinder zusammen gespielt und wir ein bisschen gequatscht, und im Sommer sind wir auch manchmal zum Spielplatz gegangen.

»Sag mal«, sagte sie einmal. »Zu welchem Kinderarzt geht ihr eigentlich?«

»Zu Dr. Ursula Hahn in der Samariterstraße«, antwortete ich.

Sie sah mich total schockiert an. »Zu WEM?«, rief sie entsetzt. Sie hätte nicht entsetzter ausgesehen, wenn ich gesagt hätte: »Ach, eigentlich ist unser Kinderarzt in Timbuktu. Oder Wilmersdorf.« Oder wenn ich gesagt hätte: »Ach, eigentlich gehen wir gar nicht zum Kinderarzt, sondern beten zu Gott, vor allem bei Vollmond, wenn Ryan mal krank ist, denn ich glaube sowieso nicht an die moderne Medizin.«

»Dr. Ursula Hahn«, wiederholte ich.

»Ihr macht WAS?«, schrie sie. »Bist du verrückt?«

Ich sah sie ein bisschen unsicher an.

»Wir gehen zu Dr. Ursula Hahn in der Samariterstraße. Die ist total nett. Und sehr schnell. Und gleich in der Samariterstraße. Nur fünf Minuten zu Fuß. Man kann dahinlatschen. Und es gibt nie lange Wartezeiten. Rein, raus. Manchmal hat man vielleicht zwanzig Minuten Wartezeit, aber das ist eigentlich total selten. Und super nett ist sie. Und sehr schnell. Guckt das Kind kurz an und bellt: ›Mandelentzündung!‹ Das einzig Schlechte an ihr ist, dass sie nicht bemerkt hat, dass ich eigentlich Deutsch kann. Sie sagt immer: ›Mama SITZT hier, sehr gut. Was ist LOS mit Ryan?‹ Und wenn ich es ihr erzähle und sie Medikamente verschreibt, sagt sie immer: ›Mama gibt zwei Löffel! Zwei Löffel! Gut, Mama? Gut, Mama. Zwei Löffel fürs Baby MORGENS und ABENDS!«

Jette sah mich verzweifelt an.

»Ihr geht zu Dr. Hahn in der Samariterstraße? Ihr geht wirklich noch zu der?«

»Ja«, sagte ich. »Wie gesagt, nur fünf Minuten zu F....«

Jette schüttelte traurig den Kopf und blickte mich mitleidsvoll an.

»Niemand geht mehr zu Dr. Hahn,« sagte sie. »Niemand macht das. Man macht das nicht, wenn einem die Gesundheit seiner Kinder am Herzen liegt. Liegt dir nicht die Gesundheit deines Kindes am Herzen? Die ist total unbeliebt, die Frau. Sie ist eine absolut unbeliebte Kinderärztin.«

»Aber warum?«, flüsterte ich panikerfüllt. Vielleicht war sie pädophil oder so was, dachte ich mir. Aber nee, nee, dachte ich, dann wäre sie nicht so superfix-fix-schnell bei der Untersuchung. »Was ist los mit ihr?«

»Ja, sie kommt aus dem Osten! Sie ist voll die Ostärztin! Das war noch die alte Zeit, in der sie ihre Ausbildung gemacht hat. Weißt du was, sie war Schulärztin in meinem Bezirk, damals. Bei uns waren die Schulärzte voll wichtig und so, sie kamen immer rein, um uns zu untersuchen und die Haare zu kontrollieren.«

»Bei uns auch«, sagte ich. »Sie suchten nach Läusen und impften uns. Viel einfacher für die Eltern, wenn die Kinder in der Schule geimpft werden, finde ich.«

»Ja, und genau so eine Ärztin ist sie immer noch. Schnell ansehen, schnell wegschicken. Sie ist total ›Schnee von gestern‹ die Frau. Die kannst du vergessen! Sie hat keine Ahnung. Die medizinische Ausbildung war ganz anders, damals, bei uns. Und die Hahn. Sie ist eine Ostärztin.«

Ich sah Jette fasziniert an.

»Was heißt das genau?«, fragte ich.

»Also, sie sieht das Kind einfach an, um festzustellen, was

es für eine Krankheit hat, und dann verschreibt sie irgendwelche Medikamente, um die Krankheit zu heilen.«

In Jettes Augen leuchteten Missbilligung und Hohn. Ich nickte voller Einverständnis: »Sie sieht das Kind einfach an, um festzustellen, was es für eine Krankheit hat, und dann verschreibt sie irgendwelche Medikamente, um die Krankheit zu heilen.« Ich schüttelte meinen Kopf skeptisch: »Was für eine Idiotin!«, sagte ich. Dann fiel mir plötzlich ein: »Aber ich glaube, erm, Jette. Ich glaube, das müssen Ärzte tun, wenn sie Ärzte sind. Es gehört zu ihren Aufgaben. Ich glaube, sie sind dazu verpflichtet, die Patienten zu heilen und so. Steht im hippokratischen Eid.«

»Und sie ist voll die Impfsüchtige«, fügte Jette hinzu.

»Ach, so«, sagte ich. Ich persönlich glaube, dass deutsche Leute so antiimpfungsmäßig drauf sind, weil es eine britische Erfindung ist, aber wenn ich das meinem Ex sage, reagiert er wirklich super wütend. Bei uns kam das so: Es gab einen Arzt, Dr. Jenner, der hatte einer Milchmagd beim Melken zugesehen und dann bemerkt, dass sie Pickel und Pocken hat, überall in ihrem Gesicht. Ich glaube ja immer noch, dass er vielleicht auch scharf auf sie war. Jedenfalls kam ihm dann der Gedanke: Warum kriegen Milchmädchen eigentlich nie Pocken? Vielleicht ist in den Kuhpocken ein mini bisschen was von den Pocken drin? Dann infizierte er sein ganzes Personal mit den Kuhpocken, natürlich nur so ein bisschen, und später infizierte er sie mit den Pocken, und sie haben alle überlebt. Als ich Kind war, malte ich mir immer aus, dass er später die Milchmagd geheiratet hat. Ich stellte mir vor, dass ihr Gesicht hässlich und voller Pickel war, aber: Sie hatte geile Titten. In England bekamen wir diese Geschichte immer am Tag der Impfung zu hören. Die Info, dass es ein Engländer war, der die Impfung erfunden hat, sollte uns ein bisschen für den Schmerz entschädigen. Und zumindest hat es erreicht, dass die Engländer nicht ganz so antiimpfungsmäßig drauf sind wie die Deutschen.

Aber, um integriert zu wirken, tue ich bei deutschen Eltern immer so, als ob ich Ryan nicht geimpft hätte und Impfung voll scheiße fände. Das ist einfacher.

»Ach so«, sagte ich zu Jette. »Impfung!«

»Du musst unbedingt zu diesem Inder in der Nähe vom New-Zealand-Café gehen«, sagte mir Jette. »Dr. Chetty. Ach, Dr. Chetty! Der ist so toll! Nur zwanzig Minuten oder vielleicht eine halbe Stunde zu Fuß. Und dann, weil er so beliebt ist, muss man schon ein Weilchen warten. Zwei Stunden, vielleicht drei. Ab und zu sogar vier, aber das kommt nicht oft vor. Aber die Wartezeit lohnt sich voll. Der guckt sich das Gesamtbild an. Er stellt ganz viele Fragen, auch zu psychologischen Problemen des Kindes und über das Leben der Familie und die Familiengeschichte und so. Und dann verschreibt er nur homöopathische Mittel. Er versucht niemals richtige Medizin zu verschreiben. Er kommt aus Indien. Er benutzt die Weisheit des Ostens.«

»Aber du hast gerade gesagt, dass es schlimm ist, dass die Dr. Hahn so eine Ostärztin ist«, erwähnte ich.

»Ja, ostdeutsche Ärzte sind voll scheiße! Aber wenn die Ärzte aus dem echten Osten kommen, dann sind sie wieder gut. Sie sehen dich als Individuum an.«

Ich nickte. Eigentlich denke ich, dass das britische Gesundheitssystem ganz schön sozialistisch ist. Wir haben Flor im Trinkwasser und Pflichtimpfungen und Pflichtkontrolle und überhaupt viele Pflichten und wenig Wahl. Du darfst deine Ärzte nicht selbst aussuchen, sie stehen fest. Und einmal, als ich vierzehn war, sollte ich geimpft werden, aber es kam raus, dass ich schon geimpft oder vielleicht von Natur aus immun war. Ich habe die Krankheit, wegen der geimpft wurde, vergessen, aber ich kann mich daran erinnern, dass der härteste, beliebteste, stärkste schwarze Junge in unserer Klasse bei der Spritze ohnmächtig geworden ist. Und sogar unser Klassenlehrer hat ihn für das Muschisein ausgelacht. Der Schularzt wollte mich jedenfalls nicht impfen und bestellte meine Akte beim Bezirksamt. Und in dieser Akte – ich durfte sie mit ihm angucken – da stand alles drin über mich. Alle meine Zeichnungen vom Kleinkind bis zur siebten Klasse. Meine Häuser und meine Kreise und meine Rechtecke und Dreiecke. Es gab für jedes Jahr Infos über mein Gewicht und meine Größe. Und am süßesten fand ich ein Interview mit mir über die Scheidung meiner Eltern, in dem ich offensichtlich wollte, dass der Arzt dachte, dass ich gelitten habe. Ich habe mich nicht unwohl gefühlt, als ich diese Akte angesehen habe. Ich fand's voll okay. Ich dachte: Das also ist meine Geheimakte. Eigentlich denke ich, dass die Ärzte viele Akten über uns vom Bezirksamt haben sollen. Eigentlich brauche ich das nicht: meine Individualität beim Arzt. Ich will nur geheilt werden. Eigentlich.

Aber wahrscheinlich liegt es nur daran, dass das britische Gesundheitssystem so sozialistisch ist. Ich bin medizinische Freiheit nicht wirklich gewöhnt.

»Ach so«, sagte ich. »Als individuelle Menschen. Das ist schon total wichtig, und so. Und dass sie einen nicht einfach automatisch impfen, wie Roboter am Laufband!«

Ich dachte an Dr. Jenner. Der Arme. Wenn er wissen würde, wie die deutschen Leute heutzutage über seine schöne Erfindung lästern. Dann wäre er total traurig. Und dann dachte ich an seine Milchmagd. Bestimmt war ihre Haut schlimm, aber bestimmt hatte sie riesengroße Titten. So hoch und hoffnungsvoll. Und wenn er sie doch nicht geheiratet hat, hat er sie garantiert einmal gefickt. Ganz sicher.

Sport oder frei

Wir waren Schüler, unsere Welt war der Schulhof, klar, dass wir auch die Welt als einen Schulhof ansahen. Die USA und die Sowjetunion waren die großen Rivalen aus der zehnten, die rauchten und sich abends in der Disko kloppten. Frankreich war der geschniegelte Junge mit dem schwulen Schal, der alle Mädchen bekam, obwohl er sich die Lippen eincremte. Aber England war der wahre König des Schulhofs, der lässige große Junge, der die richtigen Schallplatten hatte und den die Jungs heimlich noch viel mehr anhimmelten, als die Mädchen das offen taten. Ein Typ mit einer coolen Frisur und ebenso coolen Klamotten, der gut in allen Fächern war, ohne sich dabei anzustrengen. Einer mit Motorrad und einer Freundin, die irrsinnig gut aussah und sogar schon Geld verdiente. Und die DDR? Die DDR war der kleine, hässliche Nichtskönner, der nur deswegen auf dem Hof überlebte, weil alle wussten, dass er einen großen Bruder in der zehnten hatte, der ihn zwar nicht leiden konnte, der ihm aber wegen der Familienehre zu Hilfe kommen würde, der große Bruder, von dem der kleine Schwächling immer erzählte, so wie er von seinen angeblichen Erfolgen bei den Frauen und beim Rauchen und im Unterricht erzählte – und jeder wusste, dass nichts davon stimmte. Es war so offensichtlich, dass dieser kleine Hässling nichts von seinen Erzählungen erlebt hatte, man konnte ihm nur wünschen, dass wenigstens er selbst für Momente an seine Märchen glaubte. Er hätte einem leidtun können, wenn er nicht so unsympathisch gewesen wäre.

Nur auf einem Gebiet war die DDR tatsächlich so gut, wie sie sich immer zu fühlen vorgab. Das war der Sport. Wenn man die Medaillenstatistik der Olympiaden las, dann stimmte ausnahmsweise der Witz: »Was sind die drei größten Länder der Welt mit einem ›U‹ am Anfang? Es sind die USA, die UdSSR und Unsere Deutsche Demokratische Republik.« Es war schon erstaunlich, was dieser kleine Fleck, den man leicht übersehen konnte, wenn man ein Croissant aß, während man mit dem Finger auf der Landkarte von Frankreich nach Polen reiste und ein wenig krümelte, alljährlich an Medaillen gewann. Leicht zu übersehen und doch kamen aus der DDR mehr Olympiasieger als aus den Riesenländern Indien, Indonesien, Australien und Neuseeland zusammen. Allerdings war die DDR nicht sehr fein, wenn es darum ging, wie man die Medaillen zusammensiegte. Eine eigene Abteilung im Ministerium für Sport war dafür zuständig, nach den abwegigsten und international unbeliebtesten Sportarten zu fahnden, die man zudem ohne teure Westmaterialien trainieren konnte, um dort die Medaillen zu holen. Dazu zählten die fünfzehn verschiedenen Arten von Ringen sowie das Boxen in den Gewichtsklassen, die zu Beginn der Olympischen Spiele der Neuzeit für die von Krieg und Hungersnöten gezeichneten Athleten des frühen zwanzigsten Jahrhunderts geschaffen und seitdem nicht mehr abgeschafft worden waren. Boxwettkämpfe im Halbfliegengewicht, Ringen im

Weltergewicht der Frauen – es war alles egal, Hauptsache man konnte die Medaillenbilanz nach oben treiben. Begünstigend war dabei der Umstand, dass es vor allem unpopuläre Sportarten waren, die irgendwann spät nachts, wenn überhaupt, im Fernsehen übertragen wurden. Es konnte passieren, dass die DDR da Goldmedaillen gewann und es keiner so recht mitbekam – wen interessierte schon die Rhythmische Sportgymnastik der Männer? Wollte irgendjemand diese Bilder tatsächlich sehen? Traten überhaupt andere Länder bei diesen unpopulären Sportarten an oder wurden der DDR einfach aus Mitleid alle Medaillen ausgehändigt?

Die DDR war wirklich gut im olympischen Medaillenspiegel, aber für uns war das absolut kein Argument, das für die DDR gesprochen hätte. Die hirnlosesten Idioten aus der Schule waren gut im Sport. Klar, dass es peinlich war, schlecht in Sport zu sein, aber noch lange nicht so peinlich wie gut im Bodenturnen zu sein, seine Freizeit damit zuzubringen, mit einem Stock, an dem ein Band befestigt war, über eine Kunstledermatte zu laufen oder sich mit Tabletten und Koteletts eine solche Wampe anzufressen, dass dem Bobschlitten im Kampf gegen die Schwerkraft nichts anderes übrigblieb, als ins Tal zu donnern auf Platz eins. Wenn man einmal zu gut in irgendeiner Sportart war, meldete das der Sportlehrer sofort nach oben und man bekam eine Einladung zum Training, die so war wie die Einladung eines Mafiabosses zum Mittagessen, man hätte sehr mutig sein müssen, um sie auszuschlagen. Man musste auf der Hut sein, im Unterschied zum Ministerium kannten die meisten nicht alle olympischen Sportarten. Eben noch saß man unschuldig auf der Parkbank und spuckte mit kindlicher Freude um die Wette Kirschkerne, schon wurde derjenige, der am weitesten gespuckt hatte, in ein Trainingslager verschleppt. Machte man beim Baden am See nicht die üblich dilettantische Arschbombe, sondern einen eleganten Kopfsprung vom Steg oder auch nur eine besonders elegante Arschbombe, konnte man sich ein paar Wochen später schon auf dem Weg zu nationalen Meisterschaften im Arschbomben in der Schwimmhalle Magdeburg-Pechau befinden. Denn wenn man so dumm gewesen war, beim Training gut zu sein, wurde man in einer Sportschule interniert, wo man jeden Montag auf die Waage ging, bis zum Abwinken trainieren musste und zum Abendbrot irgendwelche Tabletten bekam, von denen die Betreuer sagten, sie seien »so wie Vitamine, nur besser«.

Bei den coolen Sportarten, die tagsüber im Fernsehen liefen, war die DDR nicht gut. Oft lag das schlicht an der fehlenden Ausrüstung – die DDR hatte weder beim Motorsport noch bei irgendwelchen Reitwettkämpfen etwas zu vermelden. Es gab zwei Eishockeymannschaften, einfach weil das Westgeld für die Ausrüstung einer dritten Mannschaft gefehlt hatte. Diese Mannschaften spielten dreimal im Jahr gegeneinander, es ging immer um die Meisterschaft. Dafür gewann die DDR bei den Eishockey-Weltmeisterschaften immer den *Fair-play-Cup*, was dem letzten Platz noch die Krone aufsetzte. *Fair-play-Cup* – das war nichts anderes als das Eingeständnis, dass man keine Tore schießen konnte, keinen Pass und kein Tackling hinbekam und dass man nicht einmal als Letzter in der Lage war, sich vernünftig zu verteidigen. Im Fußball spielte man national so etwas wie Liga und Meisterschaft, aber international kämpfte man auf Augenhöhe mit den Färöer Inseln. Immer, wenn es cool wurde, hatte die DDR plötzlich nichts mehr zu melden und verwies zwanghaft auf ihre vielen Medaillen im Bogenschießen und Wettstricken, aber wen interessierte das schon?

In England hingegen war die Lage grundsätzlich anders. Allein schon London hatte eine Riesenmenge Fußballmannschaften mit coolen Namen wie *Gunners* oder *Chelsea*, und jetzt mal ehrlich: Man musste doch nur hinhören, um zu wissen, was cooler war: *Tottenham hotspur supporter* oder *Anhänger des BSG Waggonbau Dessau*? Im Wesentlichen schien Sport in England allerdings immer auf Prügeleien hinauszulaufen. Beim Boxen war das ja klar, aber auch beim Fußball prügelten sich am Ende die *Hooligans*. Englische Sportler sahen immer so aus, als ob sie tagsüber im Bergbau arbeiteten, abends soffen und am nächsten Morgen gegen ihren Willen auf den Platz geschickt worden waren, untersetzte, kräftige Jungs, die aus ihren blutunterlaufenen Augen schauten, als ob sie dich heute Abend nach dem Pub gern noch kurz treffen würden. Beim Ringen in der Gewichtsklasse Bantam waren wir zweifellos besser. Nichts hätte uns mehr beschämen können.

AUSFRAGEN

Mein Kumpel fragt mich über das Buch aus, das ich mit Jakob Hein geschrieben haben soll.

»Und was ist aus dem Buch geworden, das du mit Jakob Hein schreiben wolltest?«, fragt er.

»Ach das«, sage ich so gleichgültig, als ob das Bücherschreiben mit Jakob Hein zu meinem Alltag gehört, wie Müsli-Riegel für Ryans Schulbrotkästchen bei Lidl einkaufen. »Das ist schon längst fertig.«

»Ach ja?«, fragt er. »Und was habt ihr festgestellt? Beziehungsweise, was hast du festgestellt? Was hast du rausgefunden? Ich kenne mich ja schon ein bisschen aus, was deine Thesen über die Deutsche Demokratische Republik und so betrifft: ›Warum vögeln die Ostler so oft?‹ oder ›Warum haben sie damals so oft gevögelt?‹ – ›Weil es keine Telefone gegeben hat.‹ Das hast du geschrieben, oder?«

»Nein«, sage ich entschlossen. »Es war nicht so, dass ihr deswegen so oft gevögelt habt, weil es keine Telefone gegeben hat. Sondern: Weil es keine Telefone gegeben hat, habt ihr so gerne und hemmungslos gevögelt. Ihr musstet euch keine Sorgen machen, ob der Typ dich morgen anruft oder nicht.«

»Ach so«, sagt er. Und denkt nach. Nach einer kleinen Pause sagt er:

»Manchmal denke ich, dass du nur mit mir befreundet bist, weil du von der DDR so fasziniert bist und rausfinden willst, wie es da so war und so.«

Ich sehe ihn überrascht an.

»Schwachsinn«, sage ich. »Das beleidigt mich, wenn du mir so was unterstellst. Das stimmt gar nicht. Erstens bin ich gar nicht so sehr von der DDR fasziniert.«

»Nee?«

»Nee! Und außerdem bin ich überhaupt nicht nur deswegen mit dir befreundet.«

»Nein?«

»Nein.«

»Echt, jetzt?«

»Echt, jetzt«, sage ich. »Überhaupt nicht. Obwohl: Es würde unsere Freundschaft nicht stören, wenn du mir mal deine Stasiakte zeigen würdest. Ich frage mich schon manchmal: Nach wie vielen Jahren Freundschaft wird er sie mir zeigen? Aber mit Faszination hat das nix zu tun. Ich will deine Stasiakte nur deswegen sehen, weil ...«

»Ja, warum, eigentlich?«

»Deswegen, weil ...« Ich kaue mädchenhaft an meiner Unterlippe und zögere, weiterzusprechen.

»Weil du eben doch von der DDR fasziniert bist! Gib's zu!«

»Nein. Deswegen, weil ich kontrollieren will, ob es die DDR überhaupt gegeben hat. Denn manchmal befürchte ich, dass es sie nie gab. Dass sie einfach nur von Margaret Thatcher als Cold-War-Propaganda erfunden worden ist, um die ganze Milchklauerei und den Sozialabbau zu rechtfertigen und so.«

»Und was wirst du tun, Jacinta, wenn ich dir doch mal meine Stasiakte zeigen würde?«

»Ach«, sage ich. »Dann kehre ich endlich zurück nach London. Dann muss ich nicht mehr in diesem Land hier wohnen. Dann kann ich endlich nach Hause fahren.«

»Oh. Dann zeige ich dir aber niemals meine Stasiakte.«

»Okay«, sage ich. Ich bin schon ein bisschen enttäuscht. Aber ich tröste mich heimlich mit dem Gedanken, dass er sie mir überhaupt nicht zeigen muss. Eigentlich kann ich mir sowieso ganz genau vorstellen, was drinsteht. Ich muss mich nur ein bisschen konzentrieren.